Renate Daimler
Warum wir streiten, wenn wir lieben

SERIE

PIPER

Zu diesem Buch

Zwei Menschen lieben sich und gehen eine Verbindung ein. Sie wählen einander aus freiem Willen. Doch immer sind sie in Begleitung von unsichtbaren Mitspielern. Diese beeinflussen unsere Partnerwahl, mischen immer mit. Ihre geheimen Botschaften und Aufträge erfüllen wir unbewußt in unseren Beziehungen. Es sind nicht nur unsere Eltern, die so mächtig hinter uns stehen, auch Großeltern, der Bruder, die Tante... In diesem Buch kommen fünf Paare zu Wort: Frauen und Männer, die nach gemeinsam verbrachten Jahren Bilanz ziehen. Unabhängig voneinander erzählen sie über ihr Leben mit dem andern, die eigene Kindheit, über Träume und Sehnsüchte, über Enttäuschungen und Betrug, über glückliche und unglückliche Lieben. Hierzu hat die Autorin Auskünfte von Paartherapeuten gestellt, die nicht nur unbewußte Zusammenhänge erhellen, sondern auch Wege weisen für eine glücklichere Paarbeziehung.

Renate Daimler, 1949 geboren, lebt als Schriftstellerin in Wien. Ihre Bücher »Verschwiegene Lust« (1991) und »Wie's den Männern mit den Frauen geht« (1992) erzielten hohe Auflagen; auch dieses Buch stand lange auf der österreichischen Bestsellerliste.

Renate Daimler

Warum wir streiten, wenn wir lieben

**Familienmuster als unsichtbare Mitspieler
in der Partnerschaft**

Piper München Zürich

Ungekürzte Taschenbuchausgabe
Piper Verlag GmbH, München
Juli 1997
© 1995 Econ Verlag GmbH, Düsseldorf
Unter dem Titel »Die unsichtbaren Mitspieler«
Umschlag: Büro Hamburg
Simone Leitenberger, Susanne Schmitt, Andrea Lühr
Umschlagabbildung: Timothy Shonnard/Tony Stone
Satz: Graphische Werkstätten Lehne GmbH, Grevenbroich
Druck und Bindung: Clausen & Bosse, Leck
Printed in Germany   ISBN 3-492-22430-X

In Liebe meinen Eltern
Margaretha und Hans Hofmann

Inhalt

Vorwort

Zwei Menschen lieben einander und gehen eine Verbindung ein. Sie treffen eine Entscheidung. Jeder für sich und aus freiem Willen. Aber in Wahrheit sind immer schon andere im Spiel.

Die unsichtbaren Mitspieler begleiten uns ein Leben lang. Sie beeinflussen unsere Partnerwahl, mischen mit, wenn wir streiten, und legen geheime Aufträge in uns hinein, die wir in unseren Beziehungen unbewußt erfüllen.

Es sind nicht nur unsere Eltern, die so mächtig hinter uns stehen. Auch unsere Großeltern, Urgroßeltern und Ururgroßeltern – und nicht selten wichtige Tanten und Onkel – spielen mit.

Manche dieser Botschaften, nach denen wir handeln, sind wunderbar und bereichern unsere Beziehungen. Andere hindern uns an einer erfüllten Partnerschaft.

Die Frauen und Männer, die hier ihre Geschichte erzählen, haben mir auch ein Stück meiner eigenen Geschichte gezeigt. Aber meine wichtigste Erfahrung war die Erkenntnis, daß sie alle nach bestem Wissen und Gewissen handeln und nur weitergeben, was sie selbst mitbekommen haben. Und so wünsche ich mir, daß Sie kein Urteil fällen über Barbara, Siegfried, Alexander, Franziska, Stefan, Kathrin, Philipp, Maria, Hanna – und ihre unsichtbaren Mitspieler.

Denn nicht nur die anderen, auch jeder von uns trägt geheime Botschaften in sich, und wir alle geben sie an unsere Kinder weiter. Ob wir wollen oder nicht.

Auf einer meiner Zugfahrten quer durchs Land hörte ich einem Ehepaar zu, das über seine Kinder sprach. Ich listete in mir die unbewußten Botschaften auf, die sie vermutlich ihren Söhnen und Töchtern mitgegeben haben. Es waren viele – hilfreiche und belastende. Und weil der Weg von Wien nach Zürich weit ist, kamen wir ins Gespräch.

Als ich ihnen von Julia erzählte, waren sie schockiert: »Mein Gott, was muß diese Frau für schreckliche Eltern haben!« Julias Eltern sind wunderbare Menschen. So wie dieses Paar im Zug. So wie Sie und ich.

Einen kleinen Raum wollte ich öffnen. Wollte beschreiben, wie Frauen und Männer geprägt werden von ihren Familien. Als sich die Türe auftat, sah ich ein ganzes Land. Geheimnisvoll, faszinierend, schrecklich und schön.

»Ich rede von Beziehung und er vom Wirtschaftsbeitrag.«

Barbara, 35 Jahre alt

Mit einer Geste, die gleichzeitig anklagt, berührt sie ihren schweren Körper. Symbol für Leid und Ausweglosigkeit.
»Ich bin so hungrig nach Geborgenheit und Liebe, daß ich nur noch fresse.«

Das blonde, kurzgeschnittene Haar über den hellen Augen wirkt seltsam fremd zum traurigen Gesicht, das jung und anziehend geblieben ist.

»Mein Mann will nicht mit Ihnen sprechen, er wird nicht dasein, er ist feig«, sagt sie verächtlich.

Ich bemühe mich, ihn nicht schuldig zu sprechen, obwohl schon Barbaras Andeutungen am Telefon Siegfried zum Angeklagten machen.

Im Vorzimmer stehen seine Schuhe. Edelsorte, blankgeputzt, ein wenig nach außen getreten. Ich mag die Vorstellung, wie seine Füße in diesen Schuhen stehen. Ich nehme das Gefühl mit in das Gespräch mit seiner Frau. Nicht urteilen soll ich, zuhören.

Der selbstgebackene Kuchen ist serviert, die Teekanne warm gestellt, als Barbara plötzlich aus der bequemen Tiefe ihrer Couch eine drohende Haltung einnimmt.

Ihr Blick wird hart und richtet sich auf die Tür: »Er kommt.«

Der Mann lächelt mich überrascht an und blickt mir freundlich zu.

Das Paar sieht aneinander vorbei. Zwei Fremde in einem Raum mit einer Fremden als einziger Verbindung.

Ich versuche die feindselige Spannung zu überbrücken: »Wie schön, daß ich Sie kennenlerne. Ich möchte mich auch gerne mit Ihnen unterhalten – allein.«

»Damit bin ich einverstanden. Ich lasse mich nur nicht von ihr einteilen.« *Er lächelt noch immer, obwohl Barbara ihn beschuldigt:* »Du hörst mir nie zu! Ich habe dir gesagt, daß sie nicht mit uns gemeinsam sprechen will, und du warst trotzdem dagegen ...«

Ich schweige und bin Kulisse für ein längeres Wortgefecht, in dem er freundlich leise böse Sätze sagt und Barbara ihm zornig laute Worte entgegenschleudert.

Nach einer Weile steht Siegfried auf und geht – noch immer mit einem Lächeln im Gesicht.

»Wie ist Ihre Beziehung zu Ihrem Mann?« *Barbara schweigt und sagt nach einer Ewigkeit:* »Ich bin schockiert, daß ich so lange brauche, um eine Antwort zu finden.«

Es ist mir heute noch nicht klar, woher das Ja für diese Ehe gekommen ist. Unsere Beziehung war locker und unverbindlich. Er war ein guter Tänzer und ich hab' so gern getanzt – auch mit anderen. Ich war ein Lebemensch. Wenn ich genug vom Wirbel hatte, bin ich zu ihm gegangen. Er war so ruhig, so angenehm erholsam. Sex war bei ihm nicht vorrangig für mich.

Ich wurde schwanger, er sprach vom Heiraten. Ich habe mich gewehrt und ihm gesagt: »Ich schaffe es alleine, ich komme schon zurecht.« Da hat er einen Brief an meine Eltern geschrieben und erklärt, daß ich ein Kind von ihm erwarte. Daß er mich heiraten will. Mein Vater hat mir ins Gewissen geredet: »So einen Mann bekommst du nie mehr in deinem Leben, überleg es dir gut . . .«

Ich hatte nicht viel Zeit, darüber nachzudenken, ob es Liebe war. Der Mensch ist mir über den Weg gelaufen, und es war gut. Aber für mich wär's besser gewesen, ich hätt' mich noch ein paar Jahre ausleben können. Ich war Friseurin aus Leidenschaft, ich wollte noch so vieles. Herumfahren, hier und dort arbeiten . . .

Im August war die Hochzeit. Wir haben uns eine Wohnung angeschafft, im Januar ist das Kind gekommen. Ich war gerade neunzehn. Es hat nicht lang gedauert, da war ich wieder schwanger. Elf Monate nach dem Sohn kam unsere Tochter zur Welt.

Im siebten Monat hab' ich zum erstenmal gemerkt, daß ich ihn nicht mehr riechen kann. Es ist passiert, als ich immer dicker und dicker wurde. Da war es plötzlich vorbei. Er hat mich abgestoßen. Ich wollte nicht mehr mit ihm schmusen.

Unser sexuelles Leben lief trotzdem weiter. Es war kein Zwang, keine Strafe für mich. Es war eine kurze, schnelle Befriedigung für uns beide, dann war das Thema für mich abgehakt. So nach dem Motto: »Jetzt haben wir es wieder erledigt.« Ich konnte nachher nicht mehr in seinen Armen liegen, ihn nicht so nah bei mir ertragen. Ich habe dann immer Platz gebraucht, mein eigenes Bett.

Von den ersten beiden Jahren weiß ich überhaupt nichts mehr. Ich war so jung und überfordert. In meiner Erinnerung gibt es nur Kindergeschrei.

Ich habe noch gestillt, da hab' ich schon wieder das erste Geld verdient. Privat, in unserer Wohnung. Ich habe Haare geschnitten, mit dem Baby auf dem Arm. Es wühlte mit den Händen auf den Köpfen der Kundinnen herum . . . Ein Wahnsinn! Damals fingen unsere Streitereien an. Irgend etwas hat ihn immer gestört. Einmal waren es die fremden Leute im

Haus, dann wieder der Rauch. Ich habe heimlich viel geraucht und aufgehört, wenn er nach Hause kam.

Später wurde immer häufiger über die Finanzen gestritten. Mein Mann hat mir nie Geld gegeben. Ich fühlte mich ohnmächtig, weil er so knausrig war. Samstags fuhr er mit mir zum Supermarkt und zahlte unsere Lebensmittel. Wenn ich etwas zusätzlich brauchte, war sein Standardsatz: »Andere haben noch viel weniger . . .«

Erst als die Kinder zur Schule gingen, habe ich zu ihm gesagt: »Ich halt es einfach nicht mehr aus. Du bist mein Mann, du mußt für deine Kinder sorgen.« Es war ein langer Kampf, aber dann hatte ich endlich ein Haushaltsgeld.

Geld ist für ihn Macht. Er wollte uns klein halten. Mit »Das braucht man nicht« hat er die Notwendigkeit vieler Dinge abgetan. Er ist auch mit sich selber geizig. Ich habe dafür gesorgt, daß er sich gut kleidet. Für ihn war es nicht wichtig, wie er angezogen war.

Wir waren auch nie mit den Kindern im Urlaub. Wenn er Ferien hatte, fuhr er mit seinem Surfbrett stundenlang auf dem nahegelegenen See herum. Ich saß allein mit unseren Kindern am Strand und grillte Würstchen.

Ich habe bei meinem Mann nie das Gefühl, daß er wirklich für die Kinder da ist und für uns sorgt.

Er hat es sich bequem gemacht und uns zur Sparsamkeit erzogen. Und wenn die Kinder jammerten: »Die anderen haben dies und das . . .«, hab' ich geantwortet: »Ich kann auch arbeiten gehen, dann bin ich aber nicht mehr für euch da . . .«

Ich weiß, wie es ist, wenn man nach Hause kommt und niemand da ist. Ich habe das als Kind erlebt. Und wenn ich heute manchmal in der Früh' weg muß und erst am Mittag wiederkomme, dann habe ich diesen Geruch in der Nase, den ich aus meiner Kindheit kenne. Diesen schrecklichen Geruch, der dich empfängt, wenn eine Wohnung leer ist. Ekelhaft!

Ich genieße es, zu Hause zu sein. Ich genieße es, wenn ich gut gekocht habe und mit den Kindern essen kann.

Er würdigt die Arbeit, die ich leiste, überhaupt nicht. Ich erziehe die Kinder, ich bin ihre Krankenschwester, ich bin mein eigener Handwerker und streiche alle Wände und Decken. Ich tue vieles, wofür berufstätige Frauen gar keine Zeit haben, und spare dadurch Geld. Doch das ist für ihn kein wirtschaftlicher Beitrag.

Für ihn zählt nur seine Aktivität. Er arbeitet sechzehn bis siebzehn Stunden am Tag und bekommt überhaupt nicht mit, daß seine Familie dabei draufgeht, weil er keine Zeit und keine Energie mehr für uns hat. Seine Mitarbeiter sind seine Kinder, die Firma seine Partnerin. Und damit ist er ausgefüllt. Er denkt nicht einmal daran, daß er die Pflicht hätte, bei seinen Kindern zu sein. Was heißt denn Pflicht! Das ist ein blödes Wort. Er könnte sagen: »Ich möchte bei den Kindern sein, weil es ein Ausgleich ist, der mir Kraft und Energie gibt.« Aber es ist sinnlos. Ich rede von Familie, er redet von Arbeit. Ich rede von Beziehung und er vom Wirtschaftsbeitrag.

Wenn ich dann zornig werde und ihn anschreie, bleibt er ganz ruhig und sagt mir ganz kühl die größten Gemeinheiten. Oder er geht einfach und läßt mich mit dem Satz stehen: »So lasse ich mich nicht behandeln.« Aber was soll ich tun? Ich kann nicht leise klagen, wenn ich nur noch schreien möchte. Wenn ich es rausgebrüllt hab', fühl' ich mich besser.

Einmal lag er wieder auf der Couch und kümmerte sich um nichts. Da bin ich auf ihn losgegangen, hab' seine Decke gepackt, auf ihn eingeschlagen und geschrien: »Jetzt tu doch endlich etwas!« Er hat nur gesagt: »Du spinnst total.« Er ist wie mein Vater: unerreichbar!

Meistens bleibt er bei Diskussionen einfach stehen. Wenn ich sage: »So setz dich doch, ich will dir in die Augen sehen und nicht hinaufschauen müssen«, fühlt er sich schon eingeengt und geht einfach schlafen. Dann muß ich es wieder einmal runterschlucken.

Wir haben in den sechzehn Jahren unserer Ehe immer um Geld gestritten. Aber jetzt ist es extrem. Jetzt geht es nicht mehr um Kleinigkeiten, jetzt geht es um das Dach über unserem Kopf. Ich lebe ständig in der Angst, daß wir morgen auf der Straße stehen!

Manchmal denke ich mir, daß er krank ist. Er spricht von seinen Geschäften immer positiv, gleichzeitig läuft eine Klage gegen ihn, weil er die Kredite nicht zurückzahlen kann. Ich weiß nicht mehr, was ich glauben soll. Meine Tochter kommt weinend von der Schule, weil im Gemeindeamt unser Haus zur Versteigerung ausgeschrieben steht. Aber er informiert mich nicht, was los ist, wie es wirklich aussieht. Wenn er sagen würde: »Du, jetzt machen wir diesen Schritt und dann jenen . . .« Aber er ist einfach nicht gesprächsbereit. Wenn ich wieder einmal von meinen Sorgen anfange und endlich Bescheid wissen will, dann ist ja klar, daß ich geladen bin und schreie. Dann redet er mich nieder, und alles bleibt, wie es war. Er ist so zu! Ich habe das Gefühl, in einem fort gegen eine Mauer zu rennen. Es gibt nie eine Lösung, nie eine Veränderung.

Ich versuche immer wieder, von irgendwelchen Leuten einen Rat zu bekommen. Zum Beispiel von einem Anwalt, der mir sagt: »Frau M., möchten Sie denn so weiterleben? Wenn nicht, dann gibt es nur den rechtlichen Weg. Trennen Sie ihr Vermögen, dann ist für Sie gesorgt.«

Wenn ich meinem Mann damit komme, antwortet er mir jedesmal: »Das kannst du machen, du kannst alles zerstören, aber damit mußt du dann leben.« Er sieht in mir die Schuldige. Er sagt oft: »Mit der einseitigen Position, die du beziehst . . .« Ich weiß nicht einmal, was er damit meint. Ich frage auch nicht danach. Ich denke mir nur: »Ich verstehe dich wieder einmal nicht . . .«

Also, ich finde, er ist schuld. Ich habe immer alles versucht, um noch etwas zu retten. Ich habe sogar Kontakt zu seiner Schwester aufgenommen, damit sie mit ihm redet. Ich habe eine Freundin als Vermittlerin eingeschaltet ... Wofür, weiß ich nicht. Kürzlich hat meine Tochter gesagt: »Wie kannst du mit diesem Mann eine Versöhnung wollen, nach allem, was er uns angetan hat.« Ich war schockiert. Ich habe gewußt, daß er mir weh tut, aber ich wußte nicht, daß sie auch so empfindet. Mein Sohn gerät mehr nach seinem Vater. Er hat nicht viel von ihm gelernt, aber die Verachtung für meine Arbeit im Haus, die hat er übernommen.

Am ärmsten wäre unser Jüngster dran, wenn alles den Bach hinunterginge. Ein Kind in diesem Alter in eine neue Umgebung zu setzen, wenn wir das Haus verlieren, wäre ein Drama. Ich kann mich noch genau erinnern, wie das bei mir war. Ich fuhr mit meinem Großvater Traktor und hab' gefragt: »Wo ziehen wir hin?« Niemand hat es mir erkärt, niemand hat mich darauf vorbereitet.

Ich möchte das meinen Kindern ersparen. Ich möchte es auch mir ersparen. Ich liebe dieses Haus. Ich habe es zu dem gemacht, was es heute ist. Stück für Stück habe ich dazu beigetragen.

Nur – so, wie wir jetzt zusammenleben, gehen wir alle dabei drauf. Ich weiß trotzdem nicht, was ich tun soll. Ich habe Angst, daß ich etwas falsch mache, wenn ich noch einmal zum Anwalt gehe. Daß ich einen Weg einschlage, der uns mehr schadet als nützt.

Von meinem Mann ist keine Hilfe zu erwarten. Er stellt sich unseren Problemen nicht. Meistens kommt er nach Hause, legt sich auf die Couch und schläft. Wenn ich dann höre, wie vernünftig er mit anderen redet, dann denke ich, wie schön es wäre, wenn er das mit mir auch könnte. Oder wenn er einfach einmal auf den Tisch haute! Wie soll ich ihn denn achten und anerkennen, wenn er seit Jahren kaum Geld verdient und die Familie immer mehr in Schwierigkeiten bringt. Gleichzeitig spielt er sich auf wie mein Chef und will mir erkären, wo's langgeht.

Wenn die Kinder ihn brauchen, ist er auch nie da. Sie haben doch ein Recht auf ihren Vater.

Bei der Geburt unseres zweiten Kindes ist er sogar ohnmächtig geworden! Oder letztes Jahr, als der Kleine operiert wurde und aus der Narkose erwacht ist, da wurde meinem Mann schlecht! In einer Situation, wo man wirklich dasein muß für sein Kind, haut es ihn einfach um! Und ich hätt' mich auch noch um ihn kümmern sollen . . . !

Die Frage ist, warum habe ich mir so einen schwachen Mann ausgesucht?

Wenn ich in der Nachbarschaft andere Paare sehe, die sich wirklich mögen, die miteinander reden, dann denke ich jedesmal: »Mein Gott, ist das schön.«

Er kann sich nicht mitteilen. Für mich bedeutet Beziehung, daß man sich austauscht. Bei uns gibt es so viele Tabus. Seine finanzielle Situation, unsere Sexualität . . .

Wir haben seit fünf Jahren nicht miteinander geschlafen.

Unser Liebesleben hat wortlos aufgehört, es gab nie ein Gespräch darüber. Sicherlich ist von mir eine starke Ablehnung gekommen. Ich konnte seine Nähe und seinen Geruch nicht mehr ertragen. Ich habe so oft nein gesagt, bis er es nicht mehr versucht hat. Für mich war Sex mit ihm nie wirklich befriedigend. Ich hab' mir immer gedacht: Irgend etwas muß es doch geben, wo ich spüren kann: »So, das ist wirklich gut.« Aber es war nie da.

Ich konnte meinem Mann nie sagen, daß ich bei ihm Nähe und Geborgenheit vermisse. Ich will ihn nicht verletzen. Sicher habe ich ihn auch so verletzt. Aber es ist, als ob ich einen Kloß im Hals hätte . . .

Ich habe meinem Mann auch nie gesagt, daß ich seinen Geruch nicht mehr ertragen kann. Meine Abneigung wurde immer stärker. Manchmal habe ich ihn vor dem Liebesspiel darum gebeten, sich zu duschen. Aber das war's nicht . . .

Es gab einmal zwischendurch eine Zeit, da konnte ich ihn plötzlich wieder riechen. Das war vor dreizehn Jahren. Er hatte eine Geliebte, und ich hab' um ihn gekämpft wie eine Irre. Da war mir nichts anderes mehr wichtig, da wollte ich nur meinen Mann zurück. Damals hatte ich zum erstenmal das Gefühl: Wir gehören zusammen . . .

Ich glaube, daß es Liebe war, was er am Anfang für mich empfunden hat. Ich hab' ihm das nie so richtig zurückgegeben. Ich weiß nicht, warum. Wenn ich mich so umsehe bei Paaren, dann gibt es doch immer einen, der mehr liebt als der andere. Er hat mich immer mehr geliebt als ich ihn. Ob seine Liebe jetzt noch da ist, wo er mir soviel antut, das weiß ich nicht. Trotzdem mache ich mir immer wieder neue Hoffnungen auf unsere Zukunft . . .

Letzthin habe ich ein Buch entdeckt mit dem Titel *Ich lieb' dich nicht, wenn du mich liebst.* Ich habe es nicht gelesen, aber ich werde den Gedanken nicht los, daß ich etwas damit zu tun habe.

Aus der Kindheit

Ich kann mich nicht genau erinnern, wann es angefangen hat. Ich muß vier oder fünf Jahre alt gewesen sein. Wir fuhren alle vierzehn Tage zu meiner Oma. Ich wollte nie mit, ich hatte Angst.

Wo immer wir auch spielten, im Stall oder in der Scheune, mein Onkel fand uns. Und meistens war ich sein Opfer. Er suchte meine Augen, ich konnte nicht mehr weglaufen, blieb stehen wie hypnotisiert und dachte nur noch: »O Gott, jetzt passiert es wieder . . .«

Ich mußte zusehen, wie er es tat, mit starrem Blick sein Glied betrachten, aus dem etwas hervorquoll wie ekliger Eiter ...

Und der Geruch – ich werde ihn nie vergessen.

Ich konnte es meiner Mutter nicht erzählen. Er war ihr Bruder und lebte dort im Haus.

An einem Sonntag trafen sich die Schwestern zum Familienrat. Ich lauschte an der Tür und erfuhr, daß der Onkel im Gefängnis war, weil er – wie kranke Menschen eben sind – sich nicht beherrschen konnte und Kinder im Dorf belästigt hatte. Der Onkel kam nach einem Jahr zurück, wir liefen weiter auf dem Hof herum und waren seine Opfer, weil er nicht mehr ins Dorf hinunterdurfte. Meine Mutter hat mich vor seinen Übergriffen nicht geschützt ...

Ich bin die Älteste und habe meine Eltern sehr enttäuscht, weil ich ein Sohn hätt' werden sollen – Erbe für den Bauernhof.

Mein Vater war für mich die wichtigste Bezugsperson, obwohl er seine Gefühle nie gezeigt hat. Ich durfte ihm bei der Arbeit helfen und war den ganzen Tag mit ihm zusammen. Mutter war für mich nicht erreichbar. Sie hatte – um dem ewigen Streit ums Geld zu entgehen – eine Arbeit in der Stadt angenommen und war nur am Abend da. Sie ist auch gar nicht an mich herangekommen, weil mein Vater und ich so eng verbunden waren.

In meiner Familie gab es kaum Zärtlichkeit und körperliche Nähe. Obwohl niemand darüber sprach, hatte ich das Gefühl: Meine Mama mag den Papa nicht. Ich stand immer zwischen meinen Eltern und schlief, bis ich sechs Jahre alt war, in ihrem Bett.

Wenn sie gestritten haben, war Mutter die Gebückte, die Verletzte. Vater hat sich ihr entzogen und den Raum verlassen. Er war der Pfundskerl, der Lebenslustige, der überall beliebt war.

Der Umzug vom Bauernhof in die Stadt nahm mir auch meinen Vater weg. Er ging zur Arbeit, und ich blieb allein.

Ich hatte materiell alles, was ich wollte, aber mein Hunger nach etwas anderem, nach Wärme und Zärtlichkeit, wurde nie gestillt. Ich wollte, daß meine Mutter da ist, für mich kocht und mich versorgt. Ich habe schon als Kind zuviel gegessen und immer das Gefühl gehabt: »Ich bin so hungrig, daß ich nie genug bekommen kann.«

»Im Privatleben ist es wie in einer Firma: Du nimmst dir zuviel vor und scheiterst.«

Siegfried, 40 Jahre alt

Ein Ekel habe ich erwartet. Herein kommt lächelnd ein Mann, der schon allein durch sein Äußeres sympathisch wirkt: groß, schlank, mit einem schmalen, gut geschnittenen Gesicht, die dunklen Locken gerade noch so lang, wie es sich schickt für einen Manager.

Er setzt sich auf die Couch wie ein zufälliger Gast, als hätte er nichts mit dem zu tun, was in seinem Haus geschieht. Mit der zornigen Ablehnung seiner Frau, der dicken Luft ... Er geht, wie er gekommen ist – unbeteiligt.

Am nächsten Tag ruft er mich an: »Ich möchte gern mit Ihnen reden, aber bitte nicht zu Hause. Dort ist es schwierig, in Gegenwart meiner Frau.«

Sein Auto duftet herrlich nach frischem Brot. Zwei große Laibe liegen auf dem Rücksitz, als er mich abholt. »Einer meiner Partner ist Bäcker ...« Ich frage mich, ob das zu den Geschäften gehört, für die Barbara so wenig Verständnis hat: Unternehmer tauschen Naturalien aus – es gibt kein Bargeld. Ich hüte mich, danach zu fragen – aus Angst, daß wir uns im Thema »Wirtschaft« verlieren könnten.

»Das wird Schwerstarbeit«, hab' ich noch die Worte sei-

ner Frau im Ohr. »Er spricht nur über seine Firma. Jeden persönlichen Satz müssen Sie ihm aus der Nase ziehen. Er gibt nichts von sich preis.«

Der Anfang des Abends scheint ihr recht zu geben. »Warum hab' ich nur eingewilligt«, fragt er und liefert sich die Antwort selbst: »Ich möchte herausfinden, ob es für uns sinnvoll ist, die Krise durchzustehen und daran zu wachsen, oder ob es besser wäre, sich neu zu orientieren und einen anderen Partner zu suchen.«

Es ist halb zwei Uhr morgens, das Tonbandgerät längst abgestellt, als Siegfried immer noch erzählt und ich noch immer verwirrt bin, wie wenig seine Worte zu seiner Ausstrahlung passen.

»Sie sind ein seltsamer Mann. Ihre sanften Augen, die weiche Stimme, dazu die harten Sätze ... Das paßt doch alles nicht zusammen.«

Er schweigt und wird plötzlich ernst: »Sie haben recht. Es gibt einen Teil in mir, der verschüttet ist, den ich überhaupt nicht auslebe.«

Im Beruf kann ich es nachvollziehen. Es kommt jemand in meine Firma, bleibt eine Weile, lernt von mir und verläßt mich wieder. Im Privatleben verstehe ich es überhaupt nicht. Wie kommt es, daß Menschen sich verbinden, miteinander leben, und plötzlich scheint nichts mehr zu stimmen ...?

Unsere Heirat hatte viel mit Tradition zu tun. Sie war schwanger, und ich hab' zu ihr gestanden. Ich glaube, daß ich jahrelang die Partnerschaft und meine Verantwortung für die Familie sehr ernst genommen habe. Ich habe in vielen Krisen bewiesen, daß ich nicht weglaufe, obwohl ich mich oft danach gesehnt habe, es mir nicht mehr so schwer zu machen ...

Barbara war eine perfekte Mutter, solange die Kinder

klein waren, und hat auch später mit einem unvorstellbaren Verantwortungsgefühl für sie gesorgt. Der Apparat hat technisch gut funktioniert, es gab immer einen ordentlichen Haushalt. Das war auch mein Wunsch an sie, daß ich meinen beruflichen Ambitionen nachgehen kann und sie das Unternehmen Familie führt.

Ich hab' mich nur nicht wohl gefühlt, wenn sie mich in die typische Vaterrolle drängen wollte, nach dem Muster: Jetzt kümmere dich endlich um die Kinder und spiel mit ihnen . . . Da war ich ein schlechter Untergebener. Es hat mich nicht gestört, wenn die Kinder um mich herumgetobt haben und ich meine Ruhe dabei hatte. Ich wollte nur nicht, daß sie bestimmt, was ein guter Vater ist.

Ich sehe meine Aufgabe als Vater vor allem darin, zur Stelle zu sein, wenn ein Kind mich wirklich braucht: in schulischen Dingen oder in lebensbedrohlichen Situationen . . . Als unser jüngster Sohn operiert wurde, habe ich an seinem Bett gesessen. Und wenn die Kinder krank sind, komme ich am Abend und muntere sie auf: »Jetzt müßt ihr langsam wieder gesund werden und nicht einfach nur hier rumliegen.« Es ist mir schon bewußt, daß das aus Kindersicht nicht ganz zufriedenstellend ist. Aber meine Rahmenbedingungen haben nicht viel anderes zugelassen.

Ich habe mich als Vater an einer Front gegen Mutter und Kinder erlebt. Ich glaube, daß das viel an meiner Frau lag. Ich mußte mich oft verteidigen, war in der Familie nicht willkommen. Heute bin ich noch weniger integriert und stehe Barbara und den Kindern einsam gegenüber.

Das war nicht immer so. Es gab auch schöne Zeiten.

Als sie mit Andreas schwanger ging, war sie als Frau ein Traum. Da habe ich sie wirklich gern gemocht. Er war das dritte Kind und eigentlich nicht geplant. Aber willkommen war er immer – es gab keine Diskussion darüber. Das war für mich mit Abstand die schönste Zeit in unserer Ehe. Wir waren wieder für eine kurze Weile glücklich und haben uns gut verstanden.

Als unser Sohn geboren war, habe ich mich beruflich selbständig gemacht. Das war ein Schock für meine Frau. Eine Herausforderung, die sie nicht wollte – das kleine Kind und immer Sorgen ...

Ich habe das Geschäft mit Leidenschaft gestartet, es ging mir gut damit. Die Unternehmensgründung brachte Schulden, natürlich macht man auch Fehler ... Die nächsten Jahre waren voller finanzieller Belastungen. In dieser Zeit bin ich in eine noch größere Distanz zu meiner Familie geraten. Damals ist viel zerbrochen.

Probleme zwischen uns gab es auch früher. Wir standen schon einmal vor der Scheidung, aber dann kam unser drittes Kind.

Barbara hat mich nie unterstützt. Einerseits beschwert sie sich über zuwenig Geld, andererseits vertrödelt sie tagelang die Zeit und bastelt für die Kinder, obwohl ganz andere Aufgaben drängen. Dabei könnte sie ihre finanziellen Wünsche leicht befriedigen. Ich habe schon mehrfach für sie Jobs organisiert, wo sie hätte Geld verdienen können. Aber wenn es darum geht, wirtschaftlich anzupacken, steigt sie aus. Das Problem ist, daß sie sich so oft mit nutzlosen Dingen abgibt und keine zweckmäßigen Prioritäten setzen kann!

Gut, sie erzieht die Kinder und führt den Haushalt. Daß sie aber deshalb nicht produktiv sein kann, im wirtschaftlichen Sinn, ist eine glatte Ausrede, die in unserer Situation nicht gerechtfertigt ist.

Ich habe das Gefühl, ich müßte sie ständig antreiben. Ich erwarte von meiner Partnerin, daß sie selbst aktiv wird. Man kann doch nicht einfach dasitzen, jammern und hoffen, daß etwas geschieht. Ich hätte größte Mühe mit ihr als Mitarbeiterin. Wenn in einer Krise jede Initiative ausbleibt ...

Ich habe versucht, sie in mein Geschäft einzubinden – mit

geringfügigen Aufgaben. Aber selbst das war ihr zuviel. Sie brachte es nicht einmal fertig, zweimal in der Woche mein Büro zu putzen! Ich hätte sie dafür bezahlt, sie ist ohnehin bei mir angestellt . . .

Die Rolle, die sie jetzt spielt, ist mir zu einfach. Sie gibt mir die Schuld, daß es uns finanziell so schlecht geht. Für mich gilt: »Was ich nicht verhindern kann, das muß ich durchleben.« Das erfordert natürlich einen höheren persönlichen Einsatz, als nur eine kritische Position zu beziehen.

Barbara stellt hemmungslos finanzielle Forderungen und hat keine Ahnung, was es heißt, Geld zu verdienen. Sie sollte mit einem eigenen Geschäft unternehmerische Erfahrungen sammeln. Wie sie das macht, ist mir egal. Ich wünsche mir von ihr ein höheres Maß an Eigenständigkeit und Entscheidungsfähigkeit.

Mich ärgert nichts mehr, als wenn sie daherkommt und mich fragt, ob wir einkaufen gehen. Da platzt mir der Kragen. Das ist Abhängigkeit pur. Sie kann sich keinen persönlichen Wunsch vom eigenen Geld erfüllen!

Ich wünsche mir insgeheim, daß sie mich versteht. Ich fühle mich auf breiter Front – beruflich und privat – von ihr mißverstanden. Sie nimmt mich als Gesprächspartner nicht ernst. Wenn sie interessiert wäre, könnte sie doch von alleine draufkommen, daß sie als Partnerin eine andere Position einnehmen müßte!

Im Geschäft spreche ich offen über die finanzielle Krise. Ich habe keinem meiner Mitarbeiter verheimlicht, daß wir kämpfen müssen. Aber von ihnen kommen auch kreative Vorschläge für eine Lösung. Da muß ich nicht stundenlang erklären, wieso, weshalb und warum.

Es ist mir aber auch bewußt, daß ich in meine Mitarbeiter mehr Zeit investiere als in meine Frau.

Im Moment haben wir wenig Gemeinsamkeiten. Wir schlafen schon seit mehreren Jahren nicht mehr miteinander. Ich leide darunter, aber ich vermag meine Wünsche nicht zu artikulieren. Es ist ein echtes Manko, daß ich in persönlichen Engpässen eine klare Kommunikationsschwäche habe. Ich bringe mich nicht ein, genausowenig wie meine Partnerin.

Ich bin jemand, der sich schwer mit Menschen persönlich beschäftigen kann. In diesem Bereich verdanke ich meiner Frau sehr viel. Sie vermittelt mir immer wieder interessante private Kontakte. Das ist eine echte Bereicherung. Ich würde Barbara wirklich gerne mögen, aber ich kann die Blockade nicht durchbrechen, die zwischen uns besteht.

Das Geld allein ist nicht entscheidend. Es verstärkt nur die Probleme und liefert einen guten Vorwand für Streit, wenn ihre Bedürfnisse nicht befriedigt werden. Wenn ich in Geschenke investieren würde, dann wäre meine Frau unheimlich motiviert. Bei jedem Konflikt ein Schmuckstück – und alles wäre geregelt.

Heute überlege ich mir, ob es für Barbara noch zumutbar ist, in meinem Leben mitzuspielen. Ich könnte mir vorstellen, daß sie die Schnauze voll hat. Sie wünscht sich einen Partner, der ihr ein bequemes, angenehmes Leben bietet. Bei mir gibt's nur Risiko und Streß. In ihren Augen produziere ich ständig Probleme. Es stimmt, daß die Aufgaben, die ich mir vornehme, für einen Partner oft schwer verständlich sind. Aber für mich ist dieses Chaos eine ständige Motivation, ein Lebenselixier. Für Barbara ist ein wirtschaftlicher Engpaß der Weltuntergang. Daß unser Haus versteigert werden soll, ist nicht so dramatisch. Für mich ist es eine Herausforderung und hat auch einen gewissen Reiz ... Ein Problem ist kein Problem, sondern eine Aufgabenstellung!

Ich würde gerne so leben, daß ich meine Arbeit und meine Ehe nicht als Verlust verbuche. Im Moment bin ich, was Barbara betrifft, in einer Warteposition. Sie hat in erster Linie einen Platz als Mutter der Kinder in meinem Leben. Ich mag Erotik, ich möchte eine lebhafte Beziehung zu einer Frau. Aber das sind Wünsche, die ich unterdrücke, die nur hin und wieder auf Nebenschauplätzen aufleben. Aber ich kann das schwer genießen, ich habe nicht den Nerv.

Wir müssen in der nächsten Zeit versuchen, einander möglichst wenig Schaden zuzufügen, und prüfen, ob wir uns wirklich trennen wollen. Ich bin konsensbereit und sehr bemüht, daß keiner als Verlierer dasteht. Das erfordert aber Verzicht auf beiden Seiten. Wenn vom Partner der Wille nicht da ist, dann kommt bei mir der Punkt, an dem ich sage: »Schluß, so nicht mit mir!«

Für Mitarbeiter engagiere ich mich auch lange Zeit. Wenn aber nach zwei Jahren keine Entwicklung abzusehen ist, dann investiere ich keine Energie mehr. Man muß Menschen, die einem in bestimmte Bereiche nicht folgen können, ausklammern . . .

Trotzdem will ich noch keinen Schlußstrich unter meine Ehe ziehen. Im Privatleben ist es wie in einer Firma: Du nimmst dir zuviel vor und scheiterst. Geschiedene verschwinden oft jahrelang von der Bildfläche und verlieren ihre gesellschaftliche Stellung.

Wir müssen eine Möglichkeit finden, die Geschäfte so zu regeln, daß meine Frau wieder ruhig schlafen kann. Wenn das Dach über ihrem Kopf gesichert ist, kann die Liebe vielleicht zurückkehren . . .

Aus der Kindheit

Mein Vater war ein Typ, der seinen eigenen Weg ging. Einen Weg, der für meine Mutter völlig unverständlich war. Sie hätte sich ein anderes Leben gewünscht und war unglücklich mit der finanziellen Enge . . .

Meine Mutter konnte nicht akzeptieren, daß mein Vater

sparsam, um nicht zu sagen knausrig war. Jeder Schilling wurde sofort in die Landwirtschaft gesteckt. Wir waren sieben Kinder und wollten dieses und jenes haben, mitschwimmen in der wohlhabenden Gesellschaft. Ich mußte schon früh lernen, was Verzicht bedeutet. Meine Mitschüler hatten mehr Geld, mehr Freizeit. Während sie am Schulanfang mit neuen Kleidern ausgestattet waren, trug ich die abgewetzte Hose vom letzten Jahr. Wenn sie zum Baden fuhren, hab' ich im Stall und auf dem Feld geholfen. Ich fühlte mich oft als Außenseiter.

Als Kind war das schwierig für mich. Heute weiß ich, daß ich dadurch gelernt habe, mit Krisen umzugehen. Was damals zu leisten war an Verzicht, stärkt jetzt meine Unternehmerpersönlichkeit ...

Mein Vater hat den Hof geerbt. Er wollte gar nicht Bauer werden. Trotzdem hat er sich seinen Traumberuf verwirklicht: In der Scheune gab es eine Werkstatt. Dort war er Schlosser und Mechaniker aus Leidenschaft. Er hat mir beigebracht, wie man jeden Traktor bis ins kleinste Detail zerlegt und wieder zusammenbaut. Es gab keine Maschine, an der wir je gescheitert wären.

An meine Mutter kann ich mich kaum erinnern. Ich weiß nur, daß sie damals oft unglücklich war. Heute spiele ich eine wichtige Rolle in ihrem Leben. Sie kümmert und sorgt sich um mich in einem Ausmaß, das mich erstaunt. Wenn ich in Schwierigkeiten bin, bietet sie mir Lösungen an.

Von meinem Vater habe ich gelernt, mit Problemen kreativ umzugehen. Nicht jammern, handeln hieß die Devise. Bei uns zu Hause wurde Tag und Nacht gearbeitet. Solange es hell war, bestellten wir Felder, in der Nacht reparierten wir im Scheinwerferlicht Maschinen.

Ich war als Ältester in einer pflichterfüllenden Rolle: Mechaniker, Kuhhirte, Aufpasser für die jüngeren Geschwister ...

Ich habe viel für die Familie getan. Als ich zum erstenmal etwas für mich wollte – mein erstes Auto –, da war mein sparsamer Vater dagegen. Es kam zum großen Krach. Wir haben ein ganzes Jahr lang kein Wort mehr miteinander geredet.

Gestritten wurde bei uns hauptsächlich ums Geld. Besonders zu Weihnachten, wenn die Geschenke allzu dürftig ausfielen, hatten die Eltern Krach. Ich kann mich nicht erinnern, daß sie jemals miteinander oder zu uns Kindern zärtlich waren. Die gemeinsame Arbeit auf dem Hof gab uns trotzdem ein Gefühl von Zusammengehörigkeit, das sich bis heute bewahrt hat.

Wenn ich die Rollen in den Familien betrachte, dann merke ich, daß sich alles wiederholt: Die Kinder gehören zur Mutter. Der Vater ist ein Einzelwesen, einsam am Rande der Familie.

Die unsichtbaren Mitspieler

Barbara

Barbara hat schon als kleines Kind gelernt, daß Frauen Männern schutzlos ausgeliefert sind, daß Weiblichkeit nichts Erstrebenswertes ist. Ihr Onkel darf sie mißbrauchen, die Mutter schützt sie nicht. Er kommt auf den Hof zurück, nachdem er im Gefängnis war, weil er Kinder im Dorf belästigt hat. Alle wissen, daß er krank ist, niemand kümmert sich darum. Er tut es wieder – diesmal im Kreise der Familie. Barbara ist sein Opfer und wird den Spermageruch in der Nase ihr ganzes Leben lang nicht mehr los. Dieser Geruch bedeutet für sie Ausgeliefertsein, Bedrohung, Überforderung. Kein Wunder, daß sie später, als erwachsene Frau, ihren Mann in einer Situation, in der sie sich überfordert fühlt, plötzlich nicht mehr riechen kann.

Barbara hat wenig Zeit, ihre Jugend zu genießen, und heiratet zu früh, weil sie schwanger ist. Im siebten Monat bemerkt sie zum erstenmal, daß Siegfrieds Geruch sie stört. Nach ein paar Jahren, als die Probleme zwischen dem Paar immer größer werden, passiert es wieder: »Ich konnte seine Nähe und seinen Geruch nicht mehr ertragen«, sagt sie und gleich darauf: »Für mich war Sex mit ihm nie wirklich befriedigend.«

Mißbrauchte Kinder haben als Erwachsene häufig Probleme, körperliche Liebe uneingeschränkt zu genießen: »Es war kein Zwang, keine Strafe für mich. Es war eine kurze, schnelle Befriedigung für uns beide ...« Die Worte »Zwang« und »Strafe« lassen vermuten, daß Barbara eher Befriedigung empfand, wenn es vorbei war. Sex ist ein Punkt auf der Tagesordnung, den es abzuhaken gilt. Dann darf sie sich wieder abwenden: »Ich konnte nachher nicht mehr in seinen Armen liegen, ihn nicht so nah bei mir ertragen.«

Barbara hat aber noch andere Gründe, sich in ihrer Rolle als Frau nicht wohl zu fühlen. Ihre Eltern sind enttäuscht, daß sie kein Sohn ist und ihnen der ersehnte Erbe für den Bauernhof versagt bleibt. Sie spürt schon als Baby, daß Mädchen nichts wert sind.

Aber auch die Frauenrolle, die ihre Mutter ihr vorlebt, ist nicht nachahmenswert. Sie duckt sich vor dem Vater im Streit, ist die Gebückte, die Verletzte. Als ihr der ewige Kampf ums Geld zuviel wird, geht sie in die Stadt arbeiten, um durch die finanzielle Unabhängigkeit ihren Wert in der Familie zu erhöhen. Sie läßt ihre Tochter beim Vater zurück.

Barbara hätte den Hof erben sollen und wird in diesem Sinne erzogen. Sie ist den ganzen Tag mit dem Vater zusammen und hilft ihm bei der Arbeit. Nur dafür gibt es Lob und Anerkennung. Das Kind nimmt den Platz der Ehefrau ein. Und als die Familie vom Bauernhof in die Stadt zieht, äußert Barbara einen Satz, der eigentlich einer Partnerin zusteht: »Er ging zur Arbeit, und ich blieb allein.«

Ihre Sehnsucht nach Wärme und Zärtlichkeit wird nicht gestillt. Der Vater ist rund um die Uhr anwesend, kann aber seine Zärtlichkeit nicht zeigen. Er hat unbewußt Angst, daß eine Grenze überschritten wird, daß alles, was ihn seiner Tochter noch näher bringt, gefährlich ist. Das Thema Inzest steht im Raum. »Mein Vater war für mich die wichtigste

Bezugsperson, obwohl er seine Gefühle nie gezeigt hat.« – »Mutter war für mich nicht erreichbar. Sie ist auch gar nicht an mich herangekommen, weil mein Vater und ich so eng verbunden waren.«

Die Mutter hat durch die enge Beziehung der beiden keine Chance. Auch die natürliche Verbindung, daß beide Frauen sind, zählt nicht. Barbara will ein Sohn sein und kann mit der Weiblichkeit der Mutter nichts anfangen. So findet sie als Kind nie ihren Platz: »Ich stand immer zwischen meinen Eltern und schlief, bis ich sechs Jahre alt war, in ihrem Bett.« Auch hier überläßt die Mutter der Tochter kampflos das Ehebett, das eigentlich ihr und ihrem Mann allein gehört ... In Barbara setzt sich der Glaube fest: »Meine Mama mag den Papa nicht.«

Wieder bekommt das Kind ein entwertendes Frauenbild mit: Frauen haben kein Recht auf einen eigenen Platz, werden verdrängt und leiden. Sie müssen viel tun und bekommen nichts.

Auch Barbara bekommt wenig. Weder von der Mutter noch vom Vater. Der Platz zwischen den Eltern nährt nicht, schürt aber dafür unbewußt Machtphantasien: Ich habe es in der Hand, wie es den Eltern geht. Ich trenne sie, ich verbinde sie. Das ist ein harter, undankbarer Job.

Sie nimmt aus ihrer Kindheit die Überzeugung mit, daß Kinder zwischen ihren Eltern stehen. Und – es wiederholt sich. Schon in der Schwangerschaft stellt Barbara den Sohn, ohne es zu merken, zwischen sich und ihren Mann: »Es ist passiert, als ich immer dicker und dicker wurde. Da war es plötzlich vorbei. Er hat mich abgestoßen. Ich wollte nicht mehr mit ihm schmusen.« Später ist auch ihr zweites Kind – ein Mädchen – an ihrer Seite Verbündete gegen den Vater und mischt sich in die Beziehung der Eltern ein: »Wie kannst du mit diesem Mann eine Versöhnung wollen, nach allem, was er uns angetan hat.«

Barbaras Mann hat es schwer, den Ansprüchen seiner Frau gerecht zu werden. Sie hat in ihrer Kindheit gelernt: Ein Vater ist immer anwesend, beschäftigt sich den ganzen Tag mit dem Kind. Es ist nie genug, was Siegfried leistet, er findet keine Anerkennung als Vater. Sie hat immer das Gefühl, daß er zuwenig da ist, daß er zuwenig tut. So sagt er selbst: »Die Kinder gehören zur Mutter. Der Vater ist ein Einzelwesen am Rande der Familie.«

Während Barbara sich wünscht, Siegfried solle so sein wie ihr Vater, lebt sie selbst das Gegenteil ihres Mutterbildes. Sie will ihren Kindern ersparen, worunter sie selbst gelitten hat: »Ich wollte, daß meine Mutter da ist, daß sie für mich kocht und mich versorgt. Und wenn ich heute manchmal in der Früh' weg muß und erst am Mittag wiederkomme, dann habe ich diesen Geruch in der Nase, den ich aus meiner Kindheit kenne. Diesen schrecklichen Geruch, der dich empfängt, wenn eine Wohnung leer ist. Ekelhaft!« Sie weigert sich, arbeiten zu gehen, obwohl die Familie in Geldnot ist und Siegfried sie immer wieder dazu auffordert. Als im Gemeindeamt das Haus zur Versteigerung ausgeschrieben steht, ist sie verzweifelt, unternimmt aber keine Schritte. Wie das Kaninchen vor der Schlange sieht sie hilflos dem finanziellen Untergang zu.

Es ist nicht nur ihr Widerstand, die Kinder allein zu lassen, es scheint, als ob sie aus ihrer Kindheit eine Lähmung mitgebracht hätte, die sie noch heute begleitet: »Wo immer wir auch spielten, im Stall oder in der Scheune, der Onkel fand uns. Und meistens war ich sein Opfer. Er suchte meine Augen, ich konnte nicht mehr weglaufen, blieb stehn wie hypnotisiert und dachte nur noch: ›O Gott, jetzt passiert es wieder . . .‹«

Siegfried

Siegfried wächst auf wie eine genügsame Bergziege, seine Kindheit ist karg. Er muß schon früh lernen, was Verzicht bedeutet: »Meine Mitschüler hatten mehr Geld, mehr Freizeit. Ich fühlte mich oft als Außenseiter.« Aber er macht das Beste daraus: »Was damals zu leisten war an Verzicht, stärkt jetzt meine Unternehmerpersönlichkeit.« Verzicht als Möglichkeit zur Krisenbewältigung! Für ihn ist klar, daß auch Barbara nur tun soll, was not tut. Er ist enttäuscht, daß sie sein Sparprogramm nicht unterstützt: »Einerseits beschwert sie sich über zuwenig Geld, andererseits vertrödelt sie tagelang die Zeit und bastelt für die Kinder, obwohl ganz andere Aufgaben drängen.«

In seinem eigenen Elternhaus wird nicht nur mit Geld, sondern auch mit Gefühlen gespart: »Ich kann mich nicht erinnern, daß sie jemals miteinander oder zu uns Kindern zärtlich waren.« Emotionen gibt es nur bei den Finanzen: »Besonders zu Weihnachten, wenn die Geschenke allzu dürftig ausfielen, hatten die Eltern Krach. Meine Mutter konnte nicht akzeptieren, daß mein Vater sparsam, um nicht zu sagen knausrig war.« Siegfried erlebt schon als Kind, daß Frauen und Männer grundverschieden sind, und glaubt daher: Frauen jammern, Männer sind sparsam, arbeitsam und stehen am Rande der Familie.

Der Vater vermittelt ihm, daß Fleiß der wichtigste Wert im Leben ist. Nur dafür gibt es Anerkennung. »Solange es hell war, bestellten wir die Felder, in der Nacht reparierten wir im Scheinwerferlicht Maschinen.« Zusammengehörigkeit entsteht durch Zusammenarbeit. Für Siegfried ist es schwierig, diese Erfahrung mit Barbara, die für ihn »nicht produktiv sein kann im wirtschaftlichen Sinn«, nicht teilen zu können. Er will sie lehren, eine Geschäftsfrau zu werden, und auch hier wendet er das Modell seines Vaters an: Beziehung heißt nicht Zärtlichkeit, sondern vom anderen lernen. »Er hat mir beigebracht, wie man jeden Traktor bis ins kleinste Detail zerlegt und wieder zusammenbaut.«

Vom Vater lernt Siegfried noch eine andere wichtige Familienregel: »Nicht jammern, handeln heißt die Devise.« Und weil er sich schon als Kind nie beklagen durfte, obwohl sein Leben karg und hart war, wählt er später – vielleicht nicht ganz zufällig – eine Frau, die jammert und für ihn auslebt, was er unterdrücken muß. Seine Erfahrung aus der Kindheit wird so noch mehr gefestigt: Frauen jammern.

Von seiner Mutter kann er fast nichts erzählen: »Ich weiß nur, daß sie damals oft unglücklich war.« Siegfried hatte wenig Gelegenheit, Kind zu sein, vielleicht kann er sich auch deshalb kaum an seine Mutter erinnern. Ihm wurden schon früh viele Pflichten aufgebürdet: Er war Vaters Arbeitskumpel, Mutters Klagemauer, Aufpasser für die jüngeren Geschwister. »Ich habe viel für die Familie getan.«

Heute spielt er im Leben seiner Mutter eine wichtige Rolle: »Sie kümmert und sorgt sich um mich, in einem Ausmaß, das mich erstaunt.«

Eine weitere Erfahrung, die er aus seinem Elternhaus mitbringt, beeinflußt seine Beziehung zu Barbara: Konflikte lösen sich von alleine, wenn man nur lange genug durchhält. »Als ich zum erstenmal etwas für mich wollte – mein erstes Auto –, da war mein sparsamer Vater dagegen. Es kam zum großen Krach. Wir haben ein ganzes Jahr lang kein Wort mehr miteinander geredet.« Schweigen – eine Strategie, die er auch in seiner Ehe verfolgt.

Siegfried erzählt nur wenig aus seiner Kindheit und bleibt auch hier seiner Kargheit treu.

Das Paar

Barbara und Siegfried haben keine Zeit, ihre junge Liebe zu genießen. Als die Beziehung noch »locker und unverbindlich« ist und sie davon schwärmt, daß er ein guter Tänzer ist, stellt sich ein Kind ein – eine Krise, weil für beide noch nicht einmal geklärt ist, ob sie überhaupt ein Paar sein möchten. Sie müssen reagieren.

Die Ehe ist nichts Erstrebenswertes – ihre Eltern waren kein gutes Vorbild. Siegfried und Barbara haben gelernt, daß Frauen und Männer miteinander unglücklich sind. Dennoch heiraten sie.

»Es ist mir heute noch nicht klar, woher das Ja für diese Ehe gekommen ist«, sagt sie, und er meint: »Unsere Heirat hatte viel mit Tradition zu tun. Sie war schwanger, und ich habe zu ihr gestanden.«

Siegfried – gewohnt, Verantwortung zu übernehmen – beweist auch hier, wo es um seine eigene Zukunft geht, daß er nicht wegläuft: In Krisen hält man zusammen. Handeln, nicht jammern heißt die Devise. Er betrachtet die Schwangerschaft als »Aufgabenstellung«, die es zu bewältigen gilt.

Barbara sagt zuerst nein. Sie will nicht in eine Frauenrolle gedrängt werden, möchte ihr Leben genießen und frei sein. Als Siegfried ihrem Vater schreibt, daß sie schwanger ist und er sie heiraten möchte, glaubt sie, keine andere Wahl mehr zu haben. Ihr Vater redet ihr ins Gewissen: »So einen Mann bekommst du nie mehr in deinem Leben, überleg es dir gut . . .« Die Botschaft ist: Du bist nicht gut genug, daß noch ein Besserer kommen könnte, nimm den. Weil Frauen in ihrer Familie nichts wert sind, kann sie nicht zu ihrem Nein stehen.

So werden Barbara und Siegfried Eltern, bevor sie sich in ihrer Liebe als Mann und Frau erproben können. Sie tauschen die Verliebtheit, das Vergnügen, den Sex viel zu früh gegen die Verantwortung für ein Kind ein. Barbara wählt Siegfried als Vater des Kindes, Siegfried wählt Barbara als Mutter des Kindes. Die Freude, ein Paar zu sein, kommt viel zu kurz.

Barbara ist schon in der Schwangerschaft überfordert. Sie spürt, daß sie eine falsche Entscheidung getroffen hat: »Für mich wär's besser gewesen, ich hätt' mich noch ein paar Jahre ausleben können.« Wieder fühlt sie sich ihrem Frausein ausgeliefert, wie in ihrer Kindheit, und reagiert: Sie kann Siegfried nicht mehr riechen.

Für Siegfried ist diese harte Zeit der jungen Ehe fast normal. Er kennt keinen Überfluß und vergleicht seine Beziehung mit einem Unternehmen: »Der Apparat hat technisch gut funktioniert, es gab immer einen ordentlichen Haushalt. Das war auch mein Wunsch an sie, daß ich meinen beruflichen Ambitionen nachgehen kann und sie das Unternehmen Familie führt.« Für ihn ist ganz klar: Wenn jeder seine Arbeit tut, ist alles in Ordnung. Dann ist man ein Paar, eine Familie.

Von Anfang an prallen zwei Denkmodelle aufeinander:

Siegfried glaubt: Mann und Frau sind ein Paar, wenn sie zusammenarbeiten. Das bedeutet Nähe.

Barbara hingegen hat gelernt: Arbeit trennt das Paar, einer bleibt einsam zurück.

Ohne Wissen um ihre verschiedenen inneren Welten leben sie aneinander vorbei. Barbara bleibt bei den Kindern zu Hause und weigert sich, arbeiten zu gehen. Siegfried findet Nähe und Zusammengehörigkeit in seiner Firma.

Auch in der Kindererziehung sind sie unterschiedlicher Meinung: »Ich sehe meine Aufgabe als Vater vor allem darin, zur Stelle zu sein, wenn mich ein Kind wirklich braucht: in schulischen Dingen, in lebensbedrohlichen Situationen . . .« Siegfried stört, daß Barbara ihn in eine Vaterrolle drängen will, die ihm nicht liegt: »Jetzt kümmere dich endlich um die Kinder und spiel mit ihnen . . .«

Er jedoch weiß gar nicht, was das ist. Er könnte seinen Kindern vielleicht beibringen, wie man einen Motor repariert. Aber das ist nicht gefragt.

Barbara hat von ihrer Kindheit her ein ganz anderes Bild als Siegfried: Ein guter Vater ist immer anwesend und beschäftigt sich mit den Kindern. Sie beschwert sich: »Seine Mitarbeiter sind seine Kinder, die Firma seine Partnerin. Und damit ist er ausgefüllt. Er denkt nicht einmal daran, daß er die Pflicht hätte, bei seinen Kindern zu sein.«

Siegfried erlebt damit wieder die Bestätigung für seine Annahme: Frauen jammern, Männer sind arbeitsam.

Barbara hat den Anspruch, immer bei den Kindern zu sein. Sie will es besser machen als ihre Mutter und überfordert sich damit. Sie ist rund um die Uhr verfügbar und nimmt sich keine Zeit für sich selbst.

Es gibt noch ein vertrautes Muster, das beide aus ihrer Kindheit mitbringen – den Streit ums Geld:

»Ich fühlte mich ohnmächtig, weil er so knausrig war. Er hat es sich bequem gemacht und uns zur Sparsamkeit erzogen. ›Das braucht man nicht‹, so hat er die Notwendigkeit vieler Dinge abgetan.«

»Sie stellt hemmungslos finanzielle Forderungen und hat keine Ahnung, was es heißt, Geld zu verdienen.«

Beide wiederholen die Geschichte ihrer Eltern: Die Männer sind sparsam, die Frauen leiden darunter. Beide wachsen mit dem Bewußtsein auf: Es gibt immer zuwenig Geld.

Mit den Emotionen ist es wie mit dem Geld. In Barbaras und Siegfrieds Beziehung gibt es auch davon zuwenig. Sie sparen überall:

- Sie reden wenig miteinander.
- Sie schlafen nicht mehr miteinander.
- Sie gönnen sich selbst und dem anderen wenig.
- Sie verweigern einander die Anerkennung.

Großzügig sind sie vor allem bei gegenseitigen Schuldzuweisungen. In Wirklichkeit sehnen sich beide nach Zärtlichkeit, Liebe und Anerkennung; und können doch einander kaum etwas davon geben.

Dennoch haben die beiden einander gewählt, um sich gegenseitig zu heilen. Wir suchen uns unbewußt immer wieder Partner, die uns unsere eigenen Schwierigkeiten aufzeigen. Barbaras und Siegfrieds Kindheitsgeschichte, der Mangel an Selbstwert, an Zuwendung, die Kälte, die Kargheit, all das hat in ihnen Verletzungen hinterlassen, die sie in ihr Erwachsenenleben mitbringen. Was den beiden fehlt, ist das Wissen um diese Verletzungen. Und daher haben sie sich – ohne es zu wissen – einen Partner gesucht, mit dem sie an ihre wunden Punkte gelangen. Barbara bekommt in der Beziehung zu Siegfried erneut bestätigt, daß Frauen nichts wert sind, Siegfried erfährt wieder, daß Männer einsam am Rand der Familie stehen. Beide erleben den Mangel an Geld und Liebe, den unstillbaren Hunger. Die Krise, in der sie nicht mehr weiterwissen, bringt alles an den Tag. Und hier liegt auch die Möglichkeit der Heilung. Schon das chinesische Wort für Krise setzt sich aus zwei Schriftzeichen zusammen: Bedrohung und Chance.

Wege aus der Krise

– Mehr Großzügigkeit für sich selbst und den anderen:

Dabei geht es nicht nur um Geld, sondern auch um Zuwendung, Zärtlichkeit, Liebe und Kommunikation. Überall dort, wo sie jetzt im Mangel leben, dürfen sie sich selbst und dem anderen etwas geben. Siegfried könnte sich zum Beispiel erlauben, über das, was not tut, hinauszugehen: ein Geschenk für seine Frau, spielen mit den Kindern . . . Barbara findet vielleicht eine Möglichkeit, ihm Zeit für seine Hobbys zu gönnen.

– Sich selbst und einander Anerkennung gewähren:

Beide leisten viel. Siegfried in seiner Arbeit, Barbara im Haushalt mit den Kindern. Durch einen neuen, liebevollen Umgang mit sich selbst und dem anderen können sie lernen, sich gegenseitig zu schätzen, und erhöhen damit ihren Selbstwert.

– Austausch darüber, wie sie mit ihrer Sexualität umgehen:

Barbara und Siegfried schlafen seit fünf Jahren nicht mehr miteinander. Es wird nicht darüber geredet. Siegfried schweigt in der Hoffnung, daß sich das Problem von alleine löst, wenn er nur geduldig ist. Barbara berührt das Thema auch nicht. Sie hat schon als Kind gelernt, ihren Mißbrauch zu verbergen.

– Verständnis dafür, daß sie in verschiedenen Welten leben:

Beide glauben, ihre Realität sei die richtige. Barbara meint, daß Arbeit ein Paar trennt, während Siegfried der Auffassung ist, daß Arbeit ein Paar verbindet. Erst wenn beide verstehen und akzeptieren, daß jeder in seinem Denkmodell recht hat – eben weil er es schon als Kind übernommen hat –, dann wird Veränderung möglich. Barbara könnte entdecken, daß Arbeit außer Haus Spaß macht, ihren Selbstwert stärkt und nicht unbedingt die Familie zerstören muß. Umgekehrt könnte Siegfried mehr Zeit mit seiner Frau und den Kindern verbringen und herausfinden, daß nicht nur Arbeit Nähe schafft.

So wird mehr möglich für den einzelnen. Die Erweiterung des Horizonts bedeutet aber auch Heilung für das Paar.

»Daß ich eine Geliebte brauche, hat nichts mit meiner Frau zu tun.«

Alexander, 51 Jahre alt

Ich weiß nicht, wie er aussieht. Bin angewiesen auf die Beschreibung seiner Frau: »Für Alexander ist es wichtig, jung und attraktiv zu bleiben.«

Am Bahnhof ist es kalt und ungemütlich. Grau oder schwarz gekleidete Männer seines Alters streben dem Ausgang zu. Manchmal mit Hut, nur selten ohne Aktentasche. Die Eile treibt sie an. Ein jeder wohl Geschäftsmann oder Ernährer oder beides.

Er sieht mich schon von weitem und legt in seinen Schritt noch etwas mehr von der federnden Leichtigkeit, die ihn vom Trott der Masse unterscheidet. Die rostbraune Wildlederjacke lässig offen, die grauen Haare im jungenhaften Bürstenschnitt. Nein, hier kommt kein langweiliger Spießer. Der Mann ist attraktiv, fällt auf. Ich kann verstehen, warum Franziska um ihn kämpft.

»Meine Frau hat Sie mir gut beschrieben.« Ein leicht verzerrtes Lächeln, ein fester Händedruck.

Seine grauen Augen verengen sich. Mißtrauisch überspielt er den großen Jungen, der mir entgegenlief. »Ich habe im Zug viel Zeit zum Nachdenken gehabt. Was bringt es

45

mir, wenn ich mit Ihnen spreche? Am liebsten würde ich
auf dem Absatz kehrtmachen . . . Aber gut, jetzt bin ich hier
und will es möglichst schnell hinter mich bringen.«

Es ist schon dunkel, als Alexander in sein kompliziertes
Leben zurückfährt.

»Ich habe heute viel über mich erfahren«, sagt er und
nimmt auf dem Bahnsteig beschützend meinen Arm. »Viel-
leicht kann ich daraus den Rückschluß ziehn, warum mein
Leben so chaotisch ist.«

Für mich war alles klar: Ich habe meiner Freundin jahrelang
erklärt, daß ich mich nie von meiner Familie trennen werde.
Sie hat das akzeptiert und mich nicht unter Druck gesetzt.
Wir haben uns gesagt: Solange wir es aushalten, solange wir
beide etwas davon haben – gut. Und wenn einer nicht mehr
kann, sind wir erwachsen genug, um uns zu trennen: »Es war
nett – danke, das war's.«

Ich wollte mir lange Zeit nicht eingestehen, daß es Probleme geben könnte. Im Gegenteil. Ich war stolz darauf, daß
ich es schaffe, so ein Leben auszuhalten. Daß ich die Familie
liebe und meine Frau und gleichzeitig einen anderen Menschen gern haben kann.

Für mich war die Familie, der Zusammenhalt, immer ein
großes Anliegen. Was ich als Kind vermißt habe, wollte ich
geben – und auch bekommen. Mein Glück war, daß ich eine
Frau gefunden habe, die meinem Typ entspricht. Ich habe
sofort begriffen: Sie hat alles, was ich brauche, sie kümmert
sich um mich und fordert mich gleichzeitig heraus. Sie hat
für das Funktionieren der Familie, bis hin zu den Gefühlen,
für alles gesorgt.

Daß ich eine Geliebte brauche, hat nichts mit meiner Frau
zu tun. Es liegt an meiner Oberflächlichkeit. Meine Geliebte
war eine Zufluchtsstätte, ein Ort, an dem ich nicht gefordert
wurde, an dem ich alles hinter mir lassen konnte.

Es ist mir selber unverständlich. Da habe ich einen Menschen, der mich liebt, und trotzdem renne ich davon ...

Ich kann von mir aus nicht viel geben. Ich warte, daß etwas kommt. Franziska hat mich verhätschelt und versorgt. Ich habe jahrelang, wie ein verwöhntes Kind, nichts anderes gekannt und meine Energie in den Beruf gesteckt. Mit der Begründung: Es muß so sein, damit die Familie versorgt ist.

Das stimmte nur zum Teil. Es hätten sich genug Möglichkeiten für ein privates Leben mit meiner Frau ergeben. Obwohl die Rolle, die sie eingefordert hat, übertrieben war und mich oft irritiert hat. Daß ich sie wahrnehmen soll als Frau – okay ... Aber diese Forderungen – ins Theater, in eine Kunstausstellung, spazierengehen ... da wollte ich nicht mit.

Für mich gab's eine klare Rollenteilung: Ich kümmere mich um die wirtschaftliche Sicherheit und leiste damit meinen Beitrag. Ich habe nichts von ihr verlangt, also mußte ich auch nichts geben. Ich habe gedankenlos konsumiert und Franziskas Wert nicht erkannt. Mir war nicht bewußt, wie kostbar die Gefühle sind, mit denen sie mich versorgt, daß daraus auch Verpflichtungen entstehen. Ich bin damit so achtlos umgegangen wie mit einem Kühlschrank. Solange er funktioniert, ist es gut, wenn er kaputt ist, schmeißen wir ihn weg. Die Grundsätze der Geschäftswelt überträgt man schnell ...

Am meisten leide ich darunter, daß ich durch mein unstetes Leben die Möglichkeiten, die mir meine Ehe bietet, gar nicht nutzen kann. Wenn man sich wirklich darauf konzentriert, bekommt man in einer guten Beziehung so viel! Aber man muß dafür was tun. Ich bin immer den einfacheren Weg gegangen.

Die Erotik mit Franziska war für mich total zufriedenstellend. Es war daheim nie langweilig – nur anders. Meine Frau und meine Freundin sind beide derselbe Typ: knabenhaft, schlank, gefühlvoll, intelligent und – natürlich auf mich fixiert.

Christine hatte wenig Erfahrung mit Männern. Die Freundschaft mit ihr war auch eine Befriedigung meines Selbstwertgefühls: Hier ist ein Mensch, der mich bewundert, dem ich etwas erklären kann. Sie hat sich mir hingegeben mit einer Selbstverständlichkeit und Freiheit, daß ich mich gefühlt hab' wie ein toller Kerl.

Wenn man so lange heimlich ein Verhältnis hat, lernt man natürlich mit der Zeit, das schlechte Gewissen zu verdrängen. Das ist nicht einfach, wenn du zu Hause soviel Liebe und Sympathie erfährst. Du steigst aus dem Bett der Geliebten und setzt dich zu deiner Frau an den liebevoll gedeckten Tisch . . . Da sagt man sich natürlich oft, daß man ein Dreckskerl ist, und nimmt sich vor, die Geschichte zu beenden.

Eigentlich wäre es ganz einfach: Man muß sich in einer privaten Beziehung genauso konzentrieren wie im Beruf. Aber wenn man, so wie ich, schon im Beruf an Sprunghaftigkeit leidet, ist das schwierig. Ich habe in meinem Leben nie nach Kontinuität gestrebt. Wie viele Dinge habe ich angefangen und nie zu Ende gebracht! Es gab immer etwas, das noch interessanter war, wo ich mich beweisen konnte.

Wenn ein Projekt lief, war's auch schon vorbei. Man hat durch dieses ständig Neue so viel zu tun, daß man keine Zeit hat, sich mit sich selbst zu beschäftigen. Man wird anfällig für Verlockungen, will sich das Leben oberflächlich und interessant gestalten.

In den ersten Jahren hatte ich mein Doppelleben irgendwie im Griff. Aber schrittweise kamen die Forderungen meiner Geliebten: »Ich will nicht, daß du um Mitternacht nach Hause gehst, ich will dich die ganze Nacht.« Verschärft entstand daraus: Ich will ein ganzes Wochenende, ich will mit dir verreisen . . . Der Druck wurde immer größer. Es kam zu

Diskussionen. Ich war nicht mehr dieser charmante Kerl, mit dem man sich nur wohl fühlt.

Zu Hause war ich immer öfter geistig abwesend, weil ich mit meiner Freundin Probleme hatte. Wenn meine Frau sich in verbalen Ausbrüchen ein Ventil suchte, die sich an läppischen Kleinigkeiten entzündet hatten, war meine übliche Reaktion Unverständnis. Obwohl ich innerlich wußte, warum sie mich beschuldigt. Nach dem jahrelangen Doppelleben habe ich natürlich auch gespürt, daß ich als Ehemann nicht meinen Pflichten nachkomme – egal, auf welchem Gebiet.

Die Diskussionen fanden vorwiegend am Wochenende statt. Franziska wartete schon auf mich. Das war »ihre Zeit« – ich hatte keine Ausrede. Dann wurde an meinem einzigen freien Tag geheult und gestritten. Wortlawinen, Vorwürfe, auf die sie die Antworten gleich mitgeliefert hat. Ich schwieg, es war ja nicht mehr notwendig, daß ich etwas dazu sage. Danach waren alle deprimiert, die Kinder sind in ihre Zimmer verschwunden, Franziska hat sich zurückgezogen, und ich habe mich meiner Lieblingsbeschäftigung gewidmet – Tennisspiel im Fernsehen ... Am nächsten Tag war ich froh, daß der Arbeitsalltag wieder beginnt. Ich konnte meiner Frau nicht sagen, daß meine Inaktivität als Ehemann einen Grund hat. Daß es am Sonntag zwar – Gott sei Dank – keine Geliebte gibt, aber bitte auch keine Familie geben soll. Daß ich mir wünschte, wenigstens für ein paar Stunden allein zu sein.

Franziska hat ihre Unzufriedenheit in unzähligen Briefen an mich dokumentiert. Über fünfzehn Jahre lang stand stets das gleiche drin: daß sie mehr will und es nicht bekommt.

Mein Freiraum wurde immer eingeschränkter.

Als Michael – unser Ältester – aus dem Haus war, ist es Franziska noch mehr aufgefallen, daß ich zwar ein angenehmer Vater für die Kinder, aber für sie kein Ehemann mehr bin. Sie fing plötzlich an, mich als Partner einzufordern: »Ich habe mich für die Familie jahrelang engagiert. Ich will nicht nur Mutter sein!«

Sie wollte »mehr« von mir – ich aber konnte nicht. In den ersten Jahren, da war das alles kein Problem. Auch nicht der Sex. Es ging gut mit Frau und Freundin, und ich glaube nicht, daß Franziska je zu kurz gekommen ist. Aber letztes Jahr, da war's vorbei. Da hatte ich echte Schwierigkeiten mit meiner Potenz. Sie war total verständnisvoll – sie kannte ja den Grund nicht. Wußte nicht, daß ich statt dessen mit der Geliebten schlief.

Ich hab' gemerkt, daß mir die Situation ein bißchen über den Kopf wächst.

Christina ist jetzt einunddreißig. Einen Großteil ihrer guten Jahre hat sie mir geopfert. Da ist es eine Frage der Vernunft, daß man sich überlegt: Bleib' ich jetzt zurück? Und eines Tages hat sie mir erklärt, daß sie sich stark genug fühlt, um sich von mir zu trennen.

Damit fing das Chaos an. Ich war nicht in der Lage, cool zu sagen: Dann probier's doch. Christina hat sich jahrelang nur auf mich konzentriert, hatte kaum Kontakt zu anderen Männern. Ich habe mich verantwortlich gefühlt.

Jetzt war es soweit, daß ich den Preis zahlen mußte!

Franziska ist eine Traumfrau, die ideale Partnerin, die beste, die ich kriegen konnte. Wir waren scheinbar eine glückliche Familie. Die Kinder wuchsen heran, es lief alles gut. Und wenn das Verstehen seinen Ausdruck in körperlicher Liebe findet, dann waren wir ein ideales Paar. Man hätte annehmen können, daß alles in Ordnung ist. Ich habe meine Familie finanziell abgesichert, meine Frau hat mich mit Gefühlen versorgt.

Ich habe diese Zeit sehr genossen. Ich sage genossen, aber im Grunde genommen war es für mich eine Selbstverständlichkeit. Ich habe nie darüber nachgedacht und immer schon mein eigenes Leben geführt – auch als ich noch keine Freundin hatte.

Es ist schwer, mit einer idealen Partnerin zu leben. Es hilft nichts, daß Franziska immer wieder sagt: »Ich bin nicht so einzigartig, wie du mich siehst, ich hab' auch meine Fehler.« Ihr einziger Fehler war, daß sie mein unabhängiges Leben akzeptiert hat!

Sie ist die absolute Chefin in der Familie. Sie stellt die Regeln auf, wie was zu funktionieren hat, sie bestimmt die Erziehung der Kinder. Einerseits bin ich froh, daß sie mir alles abgenommen hat. Andererseits ist es klar, daß man sich dadurch minderwertig fühlen könnte.

Ich habe keine Komplexe – ich habe meine Geliebte. Das klingt blöd. Ich kann es selbst nicht akzeptieren, weil es einfach läppisch und unreif ist. Eine Geliebte ist das billigste Entgleiten aus der Verantwortlichkeit! Das Kaschieren der eigenen Unzulänglichkeit!

Ich wußte, daß ich mich hundertprozentig ändern muß, wenn ich mit Franziska weiterleben wollte. Ich habe ihre Unzufriedenheit gespürt, aber mir war nicht klar, ob ich in Zukunft der Herausforderung gewachsen bin, die eine solche Beziehung mit sich bringt. Es erschien mir leichter, mit meiner Freundin neu anzufangen. Wir haben noch keine Probleme. Mit ihr könnte ich noch ein paar Jährchen bequem an der Oberfläche dahindümpeln.

Ich wollte aus meiner Ehe fliehen.

Mir fehlte die Erfahrung, wie dramatisch es sein kann, wenn über die heile, intakte Familie plötzlich das Chaos hereinbricht. Es war ein Naturereignis, das ich lieber verhindert hätte. Ich dachte, wenn ich konsequent sage: »Ich habe seit Jahren eine Freundin, es ist aus, es ist vorbei, ich will keine Diskussion, ich ziehe zu ihr«, dann gibt es weniger Leid. Dann ist es für alle besser. Ich war naiv. Ich hätte es besser wissen sollen. Der Damm war gebrochen, ein Vulkan explodiert, und die Probleme fingen erst richtig an.

Meine Familie ist total aus den Fugen geraten. Franziska war fassungslos und hat ihre Erschütterung auch gezeigt. Mir war wichtig, ihr zu vermitteln, daß sie keine Schuld trifft. Im Gegenteil. Daß ich der Trottel bin, der drei wunderbare Kinder und eine Frau, die ihn verehrt, verläßt . . . Ich war der Verräter und meine Frau die Betrogene. Wir haben uns gegenseitig getröstet, wir haben einander gebraucht. Ich konnte nicht ausziehen, ich mußte ihr zeigen, daß ich sie mag.

Christine war auch die Betrogene. Ich hatte ihr doch schon angekündigt, daß ich meine Frau verlassen werde. Nach all den Jahren, die ich ihr gestohlen habe, hatte sie ein Recht darauf, daß ich zu ihr stehe!

Die Kinder waren großartig. Diese Liebe und Solidarität! Obwohl ich ihnen das Gefühl genommen hatte, daß wir als Familie eine Einheit sind.

Ich habe nach einer Möglichkeit gesucht, es allen recht zu machen. Ich wollte allen das Gefühl geben, daß ich mich wohl bei ihnen fühle, daß ich nur ein bißchen Zeit brauche. Ich habe beide, Franziska und Christine, auf Sparflamme gehalten. Nur niemandem weh tun . . .

Meiner Frau habe ich versprochen, daß ich mich von meiner Freundin trenne, und der Freundin, daß ich meine Frau verlasse . . .

Ich habe mich immer wieder neu entschieden und nach zwei Stunden alles rückgängig gemacht, weil es mir falsch schien. So ging das monatelang hin und her.

Schließlich bin ich ausgezogen. In eine kleine Wohnung – allein. Und jetzt sind beide unzufrieden. Vielleicht bin ich nicht liebesfähig. Wenn Liebe bedeutet, daß man sich vollkommen auf einen Menschen einläßt, dann habe ich sicher ein Defizit. Ich bin unfähig, eine Familie mitzugestalten. Ich habe zuwenig aus meinem Leben gemacht, hätte mich mehr bewähren müssen.

Ich weiß, daß es zwingend logisch wäre, mich für meine Frau zu entscheiden: eine gute Sache zu Ende führen. Und trotzdem habe ich diesen neurotischen Hang zum Abenteuer. Es reizt mich, noch einmal in meinem Leben etwas Neues anzufangen . . .

Franziska möchte mit mir alt werden. Christine wäre zufrieden mit ein paar Jahren, die wir noch gut zusammenleben könnten. Ich muß mir endlich darüber klar werden, was ich will. Ich kann nicht noch einmal etwas versprechen, was ich nicht halten kann.

Manchmal frage ich mich, warum beide Frauen noch immer glauben, daß ich ein toller Kerl bin, für den es sich lohnt zu kämpfen. Das ist auch eine Belastung. Warum kommt nicht endlich eine von beiden und sagt: »Du Drecksau« – und verläßt mich. Frauen sind seltsame Wesen . . . Männer auch.

Aus der Kindheit

Meine Mutter ist eine exzentrische Person, die es liebte, im Mittelpunkt zu stehen. Sie war die große Liebe meines Vaters. Sie hat sich vor allem wegen des gesellschaftlichen Aufstiegs von ihrem ersten Mann getrennt. Das war ihr wichtiger als alles andere. Meine Mutter hatte zeitlebens den Wunsch, etwas Besonderes zu sein. Und wenn man als Mann nicht ein ausgeprägtes Selbstbewußtsein hat, kann man neben ihr nicht bestehen.

Mein Vater war ein tiefreligiöser Mensch, für den es eine große Sünde war, daß meine Mutter sich für ihn scheiden ließ. Er hat sein ganzes Leben lang darunter gelitten und darum gekämpft, sie kirchlich heiraten zu dürfen. Es ist ihm erst zur silbernen Hochzeit geglückt.

Ich habe meine Mutter nie gefragt, warum sie mich als Baby weggegeben hat. So wie meine älteste Schwester. Die lebte bei der einen Großmutter, ich bei der anderen. Wahrscheinlich war es für Mutter nicht angenehm, mit kleinen Kindern belastet zu sein.

Ich war der nette, liebe Bub, der Liebling meiner Großmutter. Sie hat mich kritiklos akzeptiert. Sie wollte alle Fehler, die sie bei ihren Söhnen gemacht hat, bei mir durch übergroßes Verständnis und Toleranz ausgleichen.

Als ich sechs war, holte meine Mutter mich zurück. Ich weiß bis heute nicht, warum. Ich habe keine Bindung an sie. Sie wußte nicht, was ein Kind braucht, und war gedanklich nie anwesend.

Meine zweite Schwester, die ein Jahr älter ist als ich, kümmerte sich um mich. Sie packte meine Schultasche und sah zu, daß ich ordentlich aus dem Haus ging. Körperliche Nähe gab es keine. Von niemandem.

Mein Vater hatte Tuberkulose und war sehr mit seiner Krankheit beschäftigt. Er war kaum da und hat sich natürlich darauf verlassen, daß sich die Mutter um die Familie kümmert. Sein Leitsatz war: Gesundheit, Ehrlichkeit und Glaube.

Vier Jahre lebte ich bei meiner Mutter. Dann steckte sie mich ins Internat. Ich war ein schlechter Schüler und mußte ständig die Schulen wechseln.

Als meine Großmutter starb, war ich vierzehn. Es war ein Schock für mich. Sie war die einzige Bezugsperson in meinem Leben.

In meiner Jugend hatte ich niemanden, der mir Halt gegeben hat. Ich war immer auf mich allein angewiesen. Noch heute habe ich Schwierigkeiten, jemandem zu vertrauen.

»Manchmal habe ich im Spaß gesagt: Ich wäre lieber deine Geliebte als deine Ehefrau.«

Franziska, 47 Jahre alt

Sie öffnet mir die Tür mit einem Lächeln, das mich umhüllt, als wäre ich ihr Kind. Ich fühle mich gleich angenommen und sitze wenig später am offenen Kamin, in dem ein Feuer brennt. »Ich habe in der Zwischenzeit gelernt, es mir allein gemütlich zu machen«, sagt Franziska und streicht sich eine rot getönte Haarsträhne, die über ihre Augen fällt, aus dem Gesicht. »Sie sehen ja gar nichts, wieso schneiden Sie die Strähne nicht einfach ab?« Franziska lacht und überrascht mich mit einem offenen Blick aus auffallend blauen Augen. »Vielleicht will ich gar nicht so genau sehn. Ich habe fünfundzwanzig Jahre lang geglaubt, daß meine Ehe glücklich ist. Ich muß mich erst daran gewöhnen, daß es nicht stimmt.« Sie dreht sich weg und steht schnell auf. Beherrscht durchquert sie den geschmackvoll eingerichteten Raum, der ihre Handschrift trägt. Schlank, unauffällig in weiche Beigetöne gekleidet, erscheint sie erst auf den zweiten Blick attraktiv.

An unserem zwanzigsten Hochzeitstag waren wir in der Toskana. Wir haben uns geliebt, so intensiv und erotisch wie schon lange nicht. Und jetzt erfahr' ich, daß er schon damals eine Freundin hatte. Seit zwei Jahren! Das hat weh getan. Das nehm' ich ihm wirklich übel. Ich hab' es ihm nicht angemerkt, obwohl im Laufe der Jahre unser Liebesleben nachgelassen hatte: Nach dem Fernsehen kuscheln – eigentlich miteinander schlafen wollen –, aber oft doch nicht. Weil es so spät oder man schon zu müde war, weil ein Kind weinte ... Auf unseren Reisen war das anders. Da haben wir uns aufeinander konzentriert.

Manchmal habe ich im Spaß gesagt: Ich wäre lieber deine Geliebte als deine Ehefrau.

Alexander war mein erster Mann. Er war nicht sehr erfahren, aber ich habe ihm von Anfang an vertraut. Wir haben uns geliebt, experimentiert, miteinander die Erotik entdeckt und sie sehr genossen. Im ersten Jahr sind wir kaum aus dem Bett gekommen. Er ist ein Mann, der körperliche Nähe braucht. Der küßt, umarmt, mich an der Hand hält ... Er ist so zärtlich, wie es mein Vater nie gewesen ist.

Ich habe an seiner Seite ein Leben geführt wie im Bilderbuch: mit einem Mann, der mich gern hat, mit Kindern, einem schönen Haus, mit materieller Sicherheit ... Er hat für uns gesorgt, und über das Notwendige hinaus gab es immer ein bißchen Luxus.

Andererseits habe ich all die Jahre gehofft, daß er eines Tages zulassen würde, daß wir ein Paar werden. Ich wollte Freunde einladen, im Wirtshaus diskutieren, gemeinsam Freizeit erleben, Theater, Konzerte ... Er wollte das alles nicht. Manchmal sind wir ins Kino gegangen. Aber immer mußte ich den Vorschlag machen, und er hat sich gefügt.

Alexander lernt beruflich interessante Menschen kennen, er hat sie mir nie vorgestellt. Er ist ein Einzelgänger und wollte mich nie dabeihaben. Ich glaube nicht, daß er mich verstecken wollte. Für ihn war es einfach nicht wichtig, als Ehepaar aufzutreten. Sechs Tage in der Woche hat er gearbeitet, am Wochenende war er oft auf Messen unterwegs. In seiner Freizeit hat er sich uns ein bißchen zur Verfügung gestellt. Es gab kaum Gespräche. Wenn, dann über die Kinder, fast nie über uns. Ich habe mich trotzdem selten beschwert, daß ich als Frau und Partnerin zu kurz komme.

Wenn er gespürt hat, daß ich wieder einmal unzufrieden bin, daß es mir reicht, dann wußte er, was zu tun ist: Venedig, Paris, Stockholm, New York. Dort hat er mich verwöhnt, sich für ein paar Tage mir allein gewidmet.

Ich glaubte immer, wenn er beruflich am Ziel angelangt ist, wird seine Sprunghaftigkeit, die ihn von mir wegführt, vorbei sein. Aber bevor er wirklich Erfolg hat, kratzt er die Kurve und fängt etwas Neues an. So, als ob er sich nicht erlauben könnte, die Lorbeeren für seine Arbeit zu ernten. Er ist Kaufmann, aber gleichzeitig spielt er Monopoly: neue Ideen, neue Menschen, die Fäden in der Hand halten und wieder alles verspielen ... Er hat trotzdem immer genug Geld verdient und voller Verantwortung für die Familie gesorgt. Manchmal hat er sogar Gartenstühle verkauft.

Ich bin immer davon ausgegangen, daß er alle Voraussetzungen für dieses Paarverhalten hat, nach dem ich mich so sehne. Daß er nur keine Zeit hat, daß er sich noch nicht darauf konzentrieren kann. Heute denke ich, es war eine Flucht vor der Familie.

Wirklich gemeinsam hatten wir nur die Kinder. Wobei das Gemeinsame daran die Freude an ihnen war, nicht die Pflichten. Alexander hat am Familienleben teilgenommen in Form von Interesse und kurzweiligem Zeitvertreib am Sonntag – wie Tennis spielen oder andere sportliche Aktivitäten. Die Kindererziehung hat er mir überlassen.

Sein Beitrag war, daß er gezahlt tat. Da war er immer großzügig. Aber er hat sich nie um die Kinder gekümmert.

Vom Kindergarten bis zum Zahnarzt – ich war für alles zuständig. Meine Wut darüber habe ich ihm nur selten, doch dann in einem hysterischen Anfall, gezeigt. Aber ich habe nie wirklich etwas von ihm verlangt.

Wir waren beide berufstätig. Bei jedem Kind hat Alexander mir wieder versprochen, daß alles anders wird. Beim dritten habe ich mir gedacht, wenn er sich dieses Kind noch wünscht, dann wird er auch endlich zum Familienvater werden . . .

Er hat mich sogar zur Schwangerschaftsvorbereitung begleitet. Halb belustigt, aber immerhin. Bei der Geburt war er freudig erregt, hat mir wie ein Trainer ein bißchen vorgeatmet, aber mir weder die Hand gehalten noch die Stirn getrocknet. Er hat nur an sich und sein Erlebnis gedacht, nicht an mich. Das war enttäuschend. Aber immerhin noch besser als bei den beiden anderen Kindern. Da wurde ich nur in der Klinik abgeliefert.

Am Anfang fand Alexander das Baby süß, hat es gewickelt und herumgetragen. Aber dann war's wie immer: Er hat gepaßt. Inzwischen spricht er schon davon, was für ein wunderbarer Großvater er sein wird. Daß er mit seinen Enkeln nachholen wird, was er bei seinen Kindern versäumt hat.

Zwei Jahre nach der Geburt saß ich immer noch allein zu Hause. Wieder hatte sich meine Hoffnung nicht erfüllt: Wir wurden auch durch dieses Kind kein Paar. Es gibt keine Gemeinsamkeit, kein echtes Miteinander. Hier ist Franziska mit den drei Kindern und dort Alexander, irgendwo . . .

In meinem Hinterkopf reifte der Entschluß, daß ich beruflich etwas tun müßte, was uns verbindet. Er konnte mit meinen Problemen als Lehrerin überhaupt nichts anfangen und hat sich nie dafür interessiert. Ich wollte eine Boutique. Alexander war auch jetzt sehr großzügig. Er hat mich gefördert und ermutigt, mich kurzfristig mit seinem Geld und seinem Wissen unterstützt. Ich habe von ihm erwartet, daß er sich weiterhin engagiert. Aber kaum war der Laden eingerichtet, wollte er sich nicht mehr damit befassen.

Der Umstieg von einem Beruf in den anderen war ein Riesenstreß, aber es hat auch meinen Ehrgeiz befriedigt. Ich war schon immer von einer Unruhe getrieben, die mich viel leisten ließ. Ich habe als Lehrerin, oft nächtelang mit dem Baby auf dem Arm, über Büchern gesessen und Zusatzprüfungen bestanden ... Und als mein Mann für eine seiner verrückten Ideen eine Gastgewerbekonzession brauchte, habe ich die Prüfung für ihn gemacht – obwohl ich gegen das Projekt war. Je erfolgreicher ich selbst war, desto weniger ist mir aufgefallen, daß wir immer noch kein echtes Familienleben hatten.

Wenn es Krach gab, haben wir uns im Bett versöhnt. Sex hat immer gut funktioniert.

Dann konnte Alexander plötzlich nicht mehr. Zum erstenmal in seinem Leben. Wir lagen aneinandergekuschelt im Bett und wollten wieder einmal miteinander schlafen. Nichts lief. Wir sind auf eine witzelnde, liebevolle Art damit umgegangen und haben es ignoriert. Es ist der Streß und sein Alter, habe ich gedacht. Ein Mann kann eben nicht dreißig Jahre lang funktionieren ... Aber es wiederholte sich und hat mich natürlich sehr beschäftigt. Ich wollte mit Alexander darüber reden, er hat abgeblockt. Er saß bis nachts vor dem Fernseher oder kam so spät nach Hause, daß ich schon schlief. Das ging ein halbes Jahr so. Ich war unzufrieden und fürchtete, daß seine Impotenz mit mir zu tun haben könnte. Ich hatte Lust auf ihn und fühlte mich abgewiesen. Aber wenn ich an meiner erotischen Anziehung zweifelte, dann war er sehr betroffen und beteuerte, daß er mich attraktiv und wunderbar findet.

Im Herbst brach alles zusammen. Michael, unser ältester Sohn, zog aus, um in einer anderen Stadt zu studieren. Plötzlich hatte ich keinen Gesprächspartner mehr für meine langen, einsamen Abende. Das Kind, das meinen Mann ersetzt hatte, war weg.

Ich forderte Alexander als Partner ein. Ich hatte genug davon, daß er nicht mit mir spricht, daß er nicht mit mir schläft ... Ich wurde laut und aggressiv. Sicher der falsche Weg, um einen Mann im Bett zu animieren. Aber ich konnte seine Teilnahmslosigkeit nicht mehr ertragen. Ich hab' ihn angeschrien: »Ich will, daß du nach Hause kommst, dich endlich um mich und um dein jüngstes Kind kümmerst, das du dir so sehr gewünscht hast!«

Der Erfolg war, daß er zwischen dem Versuch gemeinsamer Aktivitäten und totaler Verweigerung hin und her schwankte. Er hat plötzlich Dinge getan, die er sonst nie gemacht hat: Am Sonntag in der Küche helfen, mit mir spazierengehen ...

Oder er hat sich den ganzen Tag vor den Fernseher gesetzt und kein Wort geredet. Er fiel von einem Extrem ins andere.

Wenn ich ihn fragte, ob eine andere Frau dahintersteckt, verneinte er. In kleinen Dingen merke ich, wenn er lügt, in großen offensichtlich nicht. Ich habe ihm geglaubt, und sicher wollte ich es auch glauben.

An seinem fünfzigsten Geburtstag gab Alexander ein übertrieben großes Fest mit Buffet und Musik und lud alle möglichen Leute ein. Keine wirklichen Freunde – die hat er nicht. Er war total hektisch und unglücklich und hat die ganze Nacht kein einziges Mal mit mir getanzt oder ein Glas Wein getrunken. Als alle gegangen waren, sagte er :»Ich habe noch nie wirklich gelebt, und ich weiß auch nicht, wie das geht.« Das war beklemmend für mich! Ich hab' mir gedacht, wer nicht wirklich lebt, kann auch nicht wirklich lieben ...

Wir waren sehr bedrückt und haben uns durch die nächsten zwei Wochen geschleppt. Am Tag hab' ich ihn bedrängt, mir die Wahrheit zu sagen, nachts hat er mich umarmt. Wir lagen eng umschlungen, auch in den Nächten, in denen er von seiner Geliebten kam – von der ich immer noch nichts wußte.

Den Augenblick, in dem die Wahrheit an den Tag kam, werde ich mein Leben lang nicht mehr vergessen: Im Fernsehen lief eine Sendung über den Regenwald. Alexander saß still da, und als der Film vorbei war, habe ich ihn wieder gedrängt: »Kannst du es mir nicht endlich sagen?«

»Ich habe seit sieben Jahren ein Verhältnis mit einer anderen Frau.«

Ich habe mir manchmal überlegt, wie ich auf so was reagieren würde. Mit Schreien, Weinen, Tellerwerfen? Doch dann war ich nur wie gelähmt. Erst nach einer Ewigkeit hab' ich gefragt: »Mit wem?« Ich hatte die Vorstellung von irgendeiner Modefrau aus München, mit der er geschäftlich zu tun hat.

»Christina.«

Christina! Seine Sekretärin. Zart, hellhäutig, durchsichtig. Ein bißchen wie eine Maus. Aber auf den zweiten Blick zäh und strebsam. Eine Frau, die viel für ihn tut . . . So wie ich auch.

Alexander war sicher, daß ich ihn hinauswerfe. Ich habe nichts dergleichen getan. Ich bin nicht einmal laut und wütend geworden. Ich habe mir meine Uhr – ein Geschenk von Alexander – vom Handgelenk gerissen und sie in den Kamin geschleudert.

Irgendwie war ich auch erleichtert, daß dieses jahrelange Warten, dieser Druck, das Unbehagen der letzten Monate, endlich vorbei war.

Mein ganzes Eheleben habe ich auf den Tag gewartet, an dem wir ein Paar sein würden. Und plötzlich stehe ich vor der Tatsache, daß nicht nur seine Arbeit, sein Ehrgeiz ihn daran gehindert haben, wirklich mein Mann zu sein, sondern auch sein Verhältnis mit dieser Frau!

Am nächsten Tag konnte ich mich nicht mehr bewegen vor

Schmerz: Bandscheibenvorfall. Alexander hat mich zum erstenmal in meinem Leben zum Arzt gefahren und sich um mich gekümmert. Die Kinder haben geweint und ihren Vater beschimpft. Er hat nicht mehr gewußt, wie er erklären, wie er beschwichtigen sollte. Sicher hat ihm auch Christina zugesetzt. Mit einunddreißig muß sie gespürt haben, wie auch ihr das Leben davonläuft, mit einem Mann, der sich nicht entscheiden kann.

Es war eine schlimme Zeit. Er hat sicher versucht, Christina zu verlassen. Aber nie ernsthaft. Kaum war es versprochen, hat er es nach ein paar Stunden wieder rückgängig gemacht. Ich war verzweifelt und aggressiv, habe ihn in meiner Wut sogar mit meinem Stöckelschuh attackiert, als er sich wieder einmal entziehen und einfach weggehen wollte.

Vier Monate ging das Hin und Her. Dann ist Alexander ausgezogen. Es war für uns alle unerträglich geworden!

Ich frag' ihn immer wieder, was ihn an diese andere Frau so bindet. »Es ist Verständnis«, sagt er dann. »Das Gefühl, daß ich kommen und gehen kann, wann ich will, daß ich keine Verantwortung tragen muß.«

Er will geliebt werden. Alle sollen ihn lieben. Das ist sicher sein Motiv. Deshalb bemüht er sich nach allen Seiten. Er besänftigt uns beide bis zur eigenen Erschöpfung und nimmt viele Unbequemlichkeiten dafür in Kauf. Er wohnt jetzt in einem billigen Zimmer, er lebt schlecht, er hat niemanden mehr, der ihm seine Socken wäscht und für ihn kocht.

Ich weiß nicht, was er wirklich plant. Vielleicht will er mich so lange hinhalten, bis ich mich an sein freies Kommen und Gehen gewöhnt habe. Er ist fast täglich bei uns, besucht die Kinder, umarmt mich liebevoll, kauft eine neue Ledergarnitur für unser Wohnzimmer . . . Und entzieht sich wieder.

Ich hatte lange das Gefühl, er ist ein Teil von mir und jetzt wird er aus mir herausgerissen. Ich leide darunter, daß er im Restaurant essen muß und Löcher in den Socken hat. Ich frage mich manchmal: Bin ich so mütterlich und fürsorglich, daß ich jemanden brauche, den ich betreuen kann? Oder ist er ein hilfloses Kind, das darauf wartet, versorgt zu werden?

Jetzt muß er mit sich selber fertig werden!

Ich war mein ganzes Leben lang diszipliniert und habe Verantwortung für andere übernommen. Ich habe es satt, so lieb und brav zu sein! In mir gibt es etwas Wildes, Unentdecktes, und irgendwann werde ich es aus mir herauslassen. Ohne Rücksicht darauf, ob es für alle anderen gut ist. Ich werde lernen, mich einfach nur um mich zu kümmern. Ich möchte es schaffen, Alexander loszulassen, ihn nicht länger zu kontrollieren.

Meine Hoffnung ist immer noch, daß wir wieder zusammenkommen – gleichberechtigt. Bisher war es immer so, daß einer auf einem Podest steht und der andere händeringend versucht, ihn zu erreichen.

Im Augenblick akzeptiere ich, daß wir getrennt leben. Aber wenn einer von uns stirbt, dann wünsche ich mir, daß der andere da ist, um ihn zu halten.

Aus der Kindheit

Mein Vater wollte mich nicht. Er kam aus Stalingrad zurück, hat sich mit Kraft und Intelligenz durchgeschlagen und war entsetzt, als meine Mutter schwanger wurde. Er hat sie zum Abbruch der Schwangerschaft aufgefordert, sie war dazu bereit. Beim Arzt hat sie dann plötzlich kehrtgemacht und sich für mich entschieden. Daß ich dann nicht wenigstens ein Sohn wurde, war für ihn enttäuschend.

Meine ältere Schwester ist auch ein Kriegskind. Mein Vater hat sie zum erstenmal gesehen, da war sie zwei. Als er nach Hause kam, ist sie ihm strahlend entgegengelaufen und hat Papa, Papa gekräht. Mit ihr hat er sich gut verstanden.

Ich war ein gefühlvolles Kind, hab' viel geweint und viel gelacht und mich nachts oft gefürchtet. Ich wollte, daß mein Gitterbett ganz nah bei meiner Mutter steht. Vater hat versucht, meinen Willen zu brechen, und dafür gesorgt, daß mein Bett an der Wand blieb.

Ich war ein Schmusekind. Meinen Vater hat das immer irritiert. Ich wollte mich auf seinen Schoß setzen, wenn er Zeitung las, mich zu ihm legen beim Mittagsschlaf und hab' mit allen möglichen Tricks versucht, ihm nahezukommen. Ich hab' die wenigen Haare auf seiner Glatze frisiert, nur um ihn zu berühren, versucht, seine Hand zu nehmen beim Spazierengehen ... Er konnte mit mir nichts anfangen. Er mochte meine Schwester viel lieber. Sie war kühl und hat sich ihm nicht genähert.

Meine Mutter war sehr zärtlich zu mir. Ich saß mit zehn noch auf ihrem Schoß – ich war das typische Mamakind. Trotzdem war ich nicht lange unbeschwert. Die Mutter war oft krank, ich mußte Rücksicht nehmen. Sie hatte immer Kopfweh.

Da hieß es ruhig sein und im Haushalt helfen. Sie hat viel geklagt, das war bedrückend. Ich war ihre Zuhörerin, war der Ersatz für alles, was mein Vater nie für sie gewesen ist. Sie hat mich nie in Ruhe spielen oder lesen lassen. Sie wollte mich immer in ihrer Nähe haben und hat mich oft im Kinderzimmer gestört. Als ich später von zu Hause ausziehen wollte, hat meine Mutter tagelang geweint und mich erpreßt: »Das kannst du mir doch nicht antun.«

Konflikte gab es genug. Aber in meiner Familie wurde nie gestritten – jedenfalls nicht laut. Mein Vater hat sich um das Leid meiner Mutter nicht gekümmert. Er hatte wenig Zeit, und wenn er mal da war, hat er an seinem Haus gebaut. Das war sein Lebenstraum, und er hat schwer dafür gearbeitet.

Am Abend war Vater immer müde und nicht bereit, meiner Mutter Zeit zu widmen. Nach außen war er charmant und sehr gesellig: Alleinunterhalter, Charmeur und ein guter Tänzer.

Wenn meine Mutter böse auf ihn war, hat er sich ihr entzogen und ist geflüchtet. Hat irgendwo gewerkelt oder ganz einfach geschlafen.

Wir hatten es lustig und gemütlich ohne ihn und sind erschrocken, wenn er überraschend nach Hause kam. Kaum war Vater da, war unsere gute Stimmung dahin. Wir durften dann beim Essen nicht reden, nichts fragen ...

Mutter war auf unserer Seite. Bei ihr durften wir alles. Radio hören, ins Kino gehen, laut lachen ...

Mein Vater hat mich immer abgewertet. Am schlimmsten war es, krank zu sein. Wenn ich mit hohem Fieber im Bett lag, konnte er es sich nicht verkneifen, mich zu beschuldigen, ich hätte mir einen freien Tag machen wollen, damit meine Mutter mich verhätscheln kann.

Sein Wahlspruch war: »Was dich nicht umbringt, macht dich härter.«

Die Anerkennung meines Vaters hab' ich mir erst errungen, als ich zur Schule ging. Ich war die Klassenbeste. Da mußte er wenigstens ein bißchen stolz auf mich sein.

Gutes Benehmen war in meiner Familie ganz wichtig. Mutter hat großen Wert darauf gelegt, daß wir die Nachbarn immer freundlich grüßen. Vater hat stets fröhlich zur Tür hinausgelacht, besonders wenn die Stimmung im Haus ganz schlecht war.

Die Eltern haben beide dafür gesorgt, daß wir nach außen eine glückliche, ordentliche, saubere Familie waren.

Die unsichtbaren Mitspieler

Alexander

Das Leben ist ein Wechselbad. Verstoßen und verhätschelt – vernachlässigt und vergöttert. In Alexanders Kinderleben gibt es nur Schwarz oder Weiß.

Schon als Baby überläßt seine Mutter ihn der Großmutter. Warum, weiß er bis heute nicht. »Wahrscheinlich«, meint er, »war es für Mutter nicht angenehm, mit kleinen Kindern belastet zu sein.«

Bei der Großmutter geht es ihm gut, er wird verwöhnt, geliebt und kritiklos akzeptiert: »Sie wollte alle Fehler, die sie bei ihren Söhnen gemacht hat, bei mir durch übergroßes Verständnis und Toleranz ausgleichen.« Aber nach sechs Jahren holt ihn »die exzentrische Person«, wie er seine Mutter nennt, wieder nach Hause. Er weiß auch jetzt nicht, warum. »Ich habe keine Bindung an sie. Sie wußte nicht, was ein Kind braucht und war gedanklich nie anwesend.«

Verschickt, zurückgeholt und dann allein gelassen, erlebt Alexander schon als kleiner Junge, daß er für seine Familie eine Last bedeutet. Eine Last, die jetzt seiner Schwester aufgebürdet wird, die nur ein Jahr älter ist als er. Das siebenjährige Mädchen, das selbst Anspruch darauf hätte, versorgt zu werden, muß sich um den kleinen Bruder kümmern und nimmt Mutters Stelle ein: »Sie packte meine Schultasche und sah zu, daß ich ordentlich aus dem Haus ging.«

Vier Jahre später kommt das nächste Wechselbad: von der Familie ins Internat. »Ich war ein schlechter Schüler und mußte ständig die Schulen wechseln.«

Alexander, daran gewöhnt, daß seine Bezugspersonen sich ständig ändern, entwickelt zu seinem Schutz eine unbewußte Überlebensstrategie: Ich lasse mich niemals wirklich ein, nehme nirgends richtig Platz. Weil es weh tut, weil immer wieder alles verlorengeht.

Für ihn ist klar: Ich darf mich keinem Menschen wirklich hingeben, es ist nichts von Dauer. Kein Wunder, daß er später zwei Frauen gleichzeitig braucht. Er kann nicht glauben, daß eine Beziehung allein genügt. Außerdem wiederholt er ein Modell aus seiner Kindheit: zwei Frauen gleichzeitig. Mutter und Großmutter, Mutter und Schwester.

»Ich war immer auf mich alleine angewiesen. Noch heute habe ich Schwierigkeiten, jemandem zu vertrauen.« Seinem Glauben, daß das Leben schwarz oder weiß ist und daß es gefährlich ist, sich zu binden, wird noch ein weiteres Credo hinzugefügt: Eine Partnerschaft funktioniert nur dann, wenn ein Mann seine Frau vergöttert, egal, was sie tut.

Alexanders Mutter kümmert sich wenig um die Kinder. Ihr kranker Mann nimmt sie sehr in Anspruch, aber hauptsächlich sorgt sie für ihren gesellschaftlichen Aufstieg. Trotz allem ist sie die große Liebe seines Vaters.

Auch Alexander stellt seine Frau auf ein Podest und verzichtet auf eine Auseinandersetzung im Alltag. Als Beitrag zur Partnerschaft nimmt er alle Schuld auf sich. Dafür bietet er der Familie wirtschaftliche Sicherheit.

Auch sein tiefreligiöser Vater hat den gesellschaftlichen Rahmen für seine Familie sichergestellt. Aber er kann seine hohen Ideale selbst nicht verwirklichen: Gesundheit, Glaube und Ehrlichkeit – Vater ist krank. Er tut etwas Verbotenes, er nimmt sich die Frau eines anderen und verliert dadurch vor sich selbst die Achtung. Er fühlt sich schuldig.

Zwischen Ideal und Realität gibt es eine unüberbrückbare Kluft!

Auch Alexander ist für sich selbst der »Dreckskerl«, der alle Schuld auf sich nimmt. Es ist, als ob ihm sein Vater einen Teil seiner Schuld vererbt hätte. Er trägt sie willig, nicht immer zu seinem Nachteil. Schuldig zu sein ist auch eine bequeme Rolle: Ich bin so schlecht, von mir kann man nichts fordern. Du bist so gut, von dir kann man alles verlangen.

Franziska ist eine ideale Ergänzung in diesem Spiel. Gewohnt zu dienen, um geliebt zu werden, übernimmt sie die Verantwortung für die Familie. Für Alexander ist das ganz normal. Auch sein kranker Vater hat alles seiner Frau überlassen.

Franziska

Der Vater kommt, innerlich ausgebrannt, aus Stalingrad zurück und ist entsetzt, als seine Frau bald schwanger wird. Er fühlt sich mit einem zweiten Kind überfordert und verlangt eine Abtreibung.

Die Mutter, schon auf dem Weg zum Arzt, denkt an das Baby in ihrem Bauch und kehrt um. Franziska kommt zur Welt. Das kleine Mädchen glaubt sich vom Vater abgelehnt und kämpft mit allen Tricks um seine Zärtlichkeit: »Ich wollte mich auf seinen Schoß setzen, wenn er Zeitung las, mich zu ihm legen beim Mittagsschlaf . . .«

Wahrscheinlich hätte er in seiner Erschöpfung mit keinem Kind der Welt etwas anfangen können. Franziska nimmt seine Ablehnung persönlich und strengt sich noch mehr an, dem Vater zu gefallen. Sie entwickelt die unbewußte Überzeugung: Ich muß ständig etwas leisten, um geliebt zu werden.

In Alexander findet sie endlich einen Mann, der scheinbar Nähe braucht. Er ist der »bessere« Vater, einer, der berührbar ist. Für Franziska ist es selbstverständlich, daß sie die Gebende ist. Sie kümmert sich vor allen darum, was andere brauchen.

Ihre Mutter ist zärtlich, aber fordernd: »Sie hat mich nie in Ruhe spielen oder lesen lassen. Sie wollte mich immer in ihrer Nähe haben ...« Frustriert von einem ausgelaugten Mann, der in der Freizeit auch noch ein Haus baut, ist Franziskas Mutter oft krank und verlangt Rücksicht und Hilfe von ihrem Kind: »Ich war ihre Zuhörerin, war der Ersatz für alles, was mein Vater nie für sie gewesen ist.« Als Franziska später ausziehen will, weint die Mutter tagelang und erpreßt die Tochter: »Das kannst du mir doch nicht antun.«

Das Kind versorgt die Mutter. Die Liebe, die es dafür bekommt, hat einen hohen Preis. Sie nährt kaum und dient vor allem dazu, die Bedürftigkeit der klammernden Mutter zu befriedigen – Franziska verhungert vor der scheinbar vollen Schüssel. Auch in ihrer Beziehung zu Alexander wird sie nie wirklich satt.

Der Vater ist eifersüchtig auf seine Tochter, die zwischen ihm und seiner Frau steht: »Wenn ich mit hohem Fieber im Bett lag, konnte er es sich nicht verkneifen, mich zu beschuldigen, ich hätte mir einen freien Tag machen wollen, damit meine Mutter mich verhätscheln kann.« – Er fühlt sich ausgeschlossen.

Die Mutter ist unzufrieden, jammert und bindet die Kinder an sich. Franziska wiederholt in ihrer Ehe diese Familienregel: Die Frau jammert, verbündet sich mit ihren Kindern, der Mann ist draußen.

Trotz aller internen Schwierigkeiten verteidigt die Familie ihre heile Welt. »Vater hat stets fröhlich zur Tür hinausgelacht, besonders wenn die Stimmung im Haus ganz schlecht war.« Auch Franziska bleibt diesem Grundsatz in ihrer Ehe treu. Harmonie ist das Wichtigste im Leben. Sie ist die Freundliche, die Geduldige und übersieht geflissentlich, daß ihr Mann eine Geliebte hat: »Ich habe fünfundzwanzig Jahre lang geglaubt, daß meine Ehe glücklich ist.« – Eine Überzeugung, die mit der Tatsache, daß sie Alexander zahllose unzufriedene Briefe schreibt, kaum zu vereinen ist.

Franziska ist mit den Gegensätzen von Schwarz und Weiß fast so vertraut wie ihr Mann. Für sie gibt es den versagenden, geizigen Vater, der sie nicht beachtet, und die alles erlaubende, großzügige Mutter, die sie auffrißt.

Dazwischen steht Franziska und bemüht sich, geliebt zu werden.

Das Paar

Eine Geschichte wie von Hänsel und Gretel. Zwei Kinder auf der Suche. Franziska nach einem besseren Vater, Alexander nach einer besseren Mutter. Sie tun sich zusammen und finden – einander.

Franziska ist für Alexander diese wunderbare, nährende, wärmende, alles verzeihende Mutter, die er nie hatte.

Alexander ist für Franziska jener liebevolle, anerkennende Vater, der endlich zu ihr sagt: Du bist mein einzigartiges, schönstes Mädchen.

Lange Zeit scheint die Verbindung zwischen den beiden »hungrigen Kindern« nährend: »Er ist ein Mann, der körperliche Nähe braucht. Der küßt, umarmt, mich an der Hand hält . . . Er ist so zärtlich, wie es mein Vater nie gewesen ist.«

Franziska wiederum ist Alexanders Traumfrau: »Ich habe sofort begriffen: Sie hat alles, was ich brauche, sie kümmert sich um mich und fordert mich gleichzeitig heraus. Sie hat für das Funktionieren der Familie, bis hin zu den Gefühlen für alles gesorgt.«

Auseinandersetzungen gibt es in dieser Ehe kaum, Harmonie ist das Wichtigste. Für Franziska ist das Leben an seiner Seite wie im Film: Kinder, ein schönes Zuhause, Sicherheit, Luxus . . . Auch Alexander meint rückblickend: »Wir waren scheinbar eine glückliche Familie.«

Immer wenn das Glück Risse bekommt, reisen sie: Venedig, New York, Paris, Stockholm . . . Hänsel und Gretel leben wieder für ein paar Tage in glücklicher Vereinigung. Das Schwarzweißbild, die Welt der Gegensätze, funktioniert: Im Alltag Mutter – auf Reisen Geliebte. Wirklich streiten können sie nicht, weil sie sich – ohne es zu wissen – auf verschiedenen Ebenen bewegen. Franziska ist die nährende, alles ertragende Mutter, die keine Reibungsfläche bietet, Alexander der kindliche Nutznießer: »Ich habe diese Zeit sehr genossen. Ich sage genossen, aber im Grunde genommen war es eine Selbstverständlichkeit für mich.« Warum nicht! Es ist ganz natürlich, daß ein Kind von seiner Mutter nimmt, was es braucht.

Weil sie einander unbewußt als Vater und Mutter gewählt haben, wächst in Franziska immer mehr das Gefühl, daß sie kein »Paar« sind. Und wie damals, als kleines Mädchen, bemüht sie sich, ihr Ziel zu erreichen: ein drittes Kind, Berufswechsel, eine Gastgewerbekonzession für ihn . . . Alexander, wie ein Vater, zollt ihr dafür Lob und Anerkennung und flüchtet als Mann aus ihrer Nähe: »Es ist mir selber unverständlich. Da habe ich einen Menschen, der mich liebt, und trotzdem renne ich davon . . . Franziska hat mich verhätschelt und versorgt. Ich habe jahrelang, wie ein verwöhntes Kind, nichts anderes gekannt und meine Energie in den Beruf gesteckt.« Aber auch dort holen ihn seine Schwierigkeiten, sich zu binden, ein. Bevor er die Lorbeeren seiner Kreativität ernten kann, ist er schon wieder unterwegs zum nächsten Projekt. »Ich habe in meinem Leben nie nach Kontinuität gestrebt. Wie viele Dinge habe ich angefangen und nie zu Ende gebracht!«

Nur nirgends verweilen, nirgendwo Platz nehmen – sein Lebensthema begleitet ihn bei allem, was er tut.

Franziska will mit Alexander »gemeinsam Freizeit erleben, Theater, Konzerte.« Er leidet unter ihren zaghaften Versuchen, ihn als Mann einzufordern: »Daß ich sie wahrnehmen soll als Frau – okay. Aber diese Forderungen – ins Theater, in eine Kunstausstellung, spazierengehen . . .« Er klingt wie ein Kind, das sich dagegen wehrt, mit seiner Mama etwas zu unternehmen. Er will, daß sie zu Hause bleibt.

Aber noch gibt es einen Ort, an dem die Symbiose der beiden gelingt. »Wenn es Krach gab, haben wir uns im Bett versöhnt. Sex hat immer gut funktioniert.« Eng umschlungen, wie Hänsel und Gretel im dunklen Wald, geben sie einander Schutz und Wärme.

Auch in Alexanders zweiter Beziehung gibt es keine Probleme beim Sex. Hier ist er endlich Mann, läßt seine Rolle als Kind hinter sich und führt das junge Mädchen in die Liebe ein. Er kann die Zuneigung zu beiden Frauen gut trennen: »Ich war stolz darauf, daß ich es schaffe, so ein Leben auszuhalten. Daß ich die Familie liebe und meine Frau und gleichzeitig einen anderen Menschen gern haben kann.«

Nach sieben Jahren in der zweiten Reihe wird aber auch die Geliebte immer unzufriedener: »Ich will nicht, daß du um Mitternacht nach Hause gehst . . . ich will ein ganzes Wochenende, ich will mit dir verreisen . . .« Alexander kommt in Bedrängnis, wird aufgefordert, sich einzulassen. Seine Erfahrung aus der Kindheit ist schmerzhaft. Sich niemals wirklich zu binden ist nach wie vor seine unbewußte Überzeugung. Ahnungslos verspricht er Veränderung: »Nach all den Jahren, die ich ihr gestohlen habe, hat sie ein Recht darauf, daß ich zu ihr stehe.«

Franziska, die inzwischen bemerkt, daß weder das dritte Kind noch ihr berufliches Engagement zum ersehnten »Paarverhalten« führen, wird ebenfalls ungeduldig: »Ich habe mich für die Familie jahrelang engagiert, ich will nicht nur Mutter sein!« Der älteste Sohn zieht aus, es entsteht eine Leere, in der Franziska klar wird, daß sie allein ist. Ihr Mann muß wieder her! Je mehr sie aber von Alexander fordert, desto weniger kann er geben: »Mein Freiraum wurde immer eingeschränkter.« Er gerät in Panik.

Die Katastrophe nimmt ihren Lauf. Alexander bricht unter den Forderungen der beiden Frauen zusammen und wird impotent. In der Krise geht das Spiel weiter wie bisher: Franziska bleibt – nach einer kurzen Phase des Zorns – die geduldige Mutter. Sie macht sich Sorgen um ihren Alexander und hält die Tür für ihn offen: »Er wohnt jetzt in einem billigen Zimmer, er lebt schlecht, er hat niemanden mehr, der ihm seine Socken wäscht und für ihn kocht . . . Er ist fast täglich bei uns.«

Alexander staunt wie ein Kind über die Wucht der Katastrophe: »Der Damm war gebrochen, ein Vulkan explodiert . . .« Nach fünfundzwanzig Jahren Ehe wundert er sich, daß das Chaos ausbricht, als er kommentarlos zu seiner Freundin ziehen will! – Nach dem Motto: Die Mama muß das doch verstehen.

Als Alexander bemerkt, daß er sich für keine der beiden Frauen entscheiden kann, flüchtet er und mietet sich ein Zimmer. Wer will sich schon zwischen Mutter und Geliebter entscheiden.

Wege aus der Krise

Das Haus mit der schönen Fassade ist eingestürzt, aus den Trümmern kann jetzt etwas Neues entstehen. Das Potential ist da. Franziska und Alexander haben einander wie Hänsel und Gretel – von den Eltern verstoßen – jahrelang liebevoll unterstützt. Es ist Zeit, daß jeder für sich selbst die Verantwortung übernimmt.

Alexander fühlt sich ständig schuldig und bemüht sich, es beiden Frauen recht zu machen. Er kommt gar nicht auf die Idee, sich damit zu beschäftigen, was er selbst braucht. Für ihn wäre es gut, sein Leben mit Hilfe eines Begleiters zu beleuchten und zu prüfen, wo er tatsächlich Schuld auf sich geladen hat. Wird ihm bewußt, daß er am Schuldthema seines Vaters weiterstrickt, hat er die Chance, das Muster aufzutrennen und für sich selber einzustehen.

Alexanders Angst vor Hingabe läßt ihn immer wieder weglaufen. Er konnte nie darauf vertrauen, daß Liebe beständig ist. Seine Mutter hat ihn schon als Baby verlassen. Unbewußt schützt er sich vor der Wiederholung dieses unerträglichen Schmerzes, indem er sich vor Nähe hütet. Franziskas fordernde Liebe ist für ihn bedrohlich. Wenn es ihm möglich wird, den Schmerz aus seiner Kindheit wieder zu fühlen und zu verarbeiten, kann er sich vielleicht wieder einlassen. Denn sein Schutz vor Nähe bedeutet gleichzeitig Einsamkeit.

Franziska lebt in der Überzeugung, daß sie nie satt wird. Aus ihrer Kindheit bringt sie die Erfahrung mit: Ich bin die Gebende, und wenn ich Liebe bekomme, bezahle ich einen hohen Preis. In ihrem Bemühen, ständig zu geben, kann sie nicht genießen, was wirklich da ist. Und so bleibt in ihrer Ehe mit Alexander immer ein Gefühl des Mangels. Ihre Chance besteht darin, zu verstehen, daß sie bis jetzt nichts nehmen konnte. Wenn sie erkennt, daß das Leben auch für sie Geschenke bereithält, kann sie dankbar zugreifen.

Franziska glaubt, daß sie für ihren Vater nicht liebenswert war. Und so weiß sie auch heute noch nicht um ihren Wert. Wenn sie erkennt, daß ihr der Vater in seiner Erschöpfung nicht mehr Zuwendung geben konnte, wird der Weg zu ihrem Selbstwert frei.

Die räumliche Trennung ist gut für das Paar. Je besser Franziska und Alexander lernen, für sich selbst zu sorgen, desto mehr Möglichkeiten eröffnen sich für eine erfüllte Partnerschaft.

Dazu ist es wichtig, daß sich beide der Rollen bewußt werden, in denen sie füreinander da waren: Alexander als liebevoller Vater, der sein kleines Mädchen lobt, Franziska als alles verzeihende, gewährende Mutter.

Es wird vielleicht nicht einfach sein, sich von Hänsel und Gretel zu lösen . . .

»Ich bin kein Mann, der gern berührt wird.«

Stefan, 48 Jahre alt

Ich will auf keinen Fall seinen Auftritt versäumen, möchte beschreiben, wie er sich bewegt, wie er die Halle des Hotels betritt. Er kommt nicht. Ungeduldig wende ich mich von der Türe ab, versuche mich zu entspannen. Plötzlich steht er neben mir, aufgetaucht aus dem Nichts.

Gilbert Bécaud, Inspektor Columbo, Freddy Quinn – ein Typ, der mir vertraut ist. Er lächelt freundlich und wirkt doch reserviert. »Wo haben Sie Ihre Tarnkappe versteckt«, versuche ich zu scherzen und meine es doch ernst.

Wir essen im Restaurant. Stefan ist höflich und charmant und gibt sowenig wie möglich von sich preis. Es ist ein zähes Ringen um Sätze, die mehr bedeuten als »Ich bin zufrieden mit allem, wie es ist«.

Der Abend geht zu Ende. Er weiß nichts mehr zu sagen und lächelt mich hilflos an.

Zurück im Hotel, versuche ich mich zu erinnern, wie Stefan aussieht. Es gelingt mir nicht, sein Gesicht bleibt ohne Kontur. Ich schalte das Tonband ein und will Stefan über seine Stimme einfangen. Ich höre mich klar und deutlich fragen, doch die Antworten kommen so leise aus dem Hintergrund, daß ich sie kaum verstehen kann.

Seine Krawatte taucht vor meinen Augen auf, abstraktes
Muster auf rotem Grund. Ich weiß, was er für einen Gürtel
trug und daß er eine schlanke Taille hat. Ich erinnere mich,
wie sein schwarzes, dichtes Haar gescheitelt ist . . .
Mehr weiß ich nicht. Er läßt sich nicht beschreiben.

Ich habe viel gesoffen, wenig studiert und mit meinen Kumpels ein gutes Leben geführt. Als Kathrin nach Amerika ging, habe ich nicht auf sie gewartet. Frauen waren mir damals nicht so wichtig.

Als sie zurückkam, habe ich mich gefreut und die Beziehung wiederaufgenommen.

Nach dem Sommer war Kathrin schwanger. Wir haben geheiratet, als das Kind zur Welt gekommen ist. Nach der Geburt mußte sie bald wieder arbeiten und hat zwei Jahre lang bei meiner Mutter und meiner Tante in der kleinen Wohnung gelebt. Sie haben sich überhaupt nicht vertragen. Ich habe mir keine Gedanken darüber gemacht, wie meine Frau leben muß. Am Freitag bin ich von der Uni nach Hause gekommen, am Sonntag gerne wieder weggefahren.

Kathrin hatte eine schwere Zeit. Sitzt da mit einem Kind, der Gatte studiert in einer anderen Stadt und macht Highlife. Das war sicher nicht anständig von mir.

Als unser zweites Kind geboren wurde, habe ich immer noch studiert. Es war das falsche Studium. Vielleicht habe ich deshalb so lange gebraucht. Ich wäre viel lieber Arzt geworden als Bergbauingenieur. Aber ich war zu bequem, ein Jahr Latein nachzulernen.

In den ersten vier Jahren unserer Ehe gab es keinen gemeinsamen Alltag. Wir hatten zwar inzwischen – dank Tantes finanzieller Hilfe – eine eigene Wohnung, aber ich war kaum da. Kathrin verdiente noch immer als Krankenschwester unser Geld, meine Mutter hat weiter die Kinder betreut.

Als ich endlich mit meinem Studium fertig war und zurückkam, hat Kathrin sich eingeschränkt gefühlt. Sie war gewohnt, allein zu sein, und sagte oft: »Es war viel schöner früher, da konnte ich tun und lassen, was ich wollte. Und jetzt bist du plötzlich immer da!«

Meine Frau war unzufrieden und hat sich oft beschwert: »Sei zärtlicher, kümmere dich um mich, führ nicht immer nur dein eigenes Leben. Sonst suche ich mir einen anderen.« Ich war auch gewohnt zu tun, was ich wollte. Ich habe nichts geändert.

Nach ein paar Jahren gab es eine Krise: Sie hat sich wirklich einen anderen genommen. Im ersten Augenblick war ich verärgert. Dann habe ich mir gesagt: Recht hat sie. Sie hat mich oft genug gewarnt, und ich habe nicht reagiert. Ich war bequem und habe nur vor der Glotze gesessen.

Schmerz habe ich keinen empfunden. Sie kam ja jeden Tag nach Hause, und die Kinder waren schließlich auch noch da.

Nach einer Weile bin ich aus Protest alleine ausgegangen. Da hat sich was ergeben mit einer anderen Frau. Am Anfang war das interessant, aber dann hätte ich mich wieder anstrengen müssen. Das war das Ende. Was Ernstes wollte ich sowieso nicht.

Nach vier Jahren war Kathrins Beziehung zu dem anderen Mann vorbei. Sie war mit ihm wohl auch nicht glücklich.

Seither hat sich ein bißchen was geändert zwischen uns. Aber nicht viel. Ich falle immer wieder in den alten Trott zurück, lasse alles laufen und finde es angenehm, daß Kathrin der Motor in unserer Ehe ist. Ich würde ohne sie total versumpfen. Aber manchmal, wenn es draußen regnet und sie mich an die frische Luft treibt, dann ist es mühsam. Sie will am Wochenende immer etwas unternehmen, ich bleibe genauso gern zu Hause. Ich fühle mich gut als bequemer Mensch.

Ich trage Konflikte aus, indem ich schweige. Kathrin findet mein Schweigen vorwurfsvoll. Es stört sie. Wenn ich nach Hause komme und Spannung spüre, dann ist das für mich nicht bedrohlich. Das kenne ich gut aus meiner Kindheit. Es dauert nur kurz, dann ist das Unbehagen überwunden. Sie leidet länger.

Ich versuche Probleme von mir fernzuhalten. Ich weiche ihnen aus. Wenn sie nicht lockerläßt, ziehe ich mich einfach in mein Schneckenhaus zurück. Kurzfristig fühle ich mich dann schlecht, aber das gibt sich schnell. Ich kann das alles wegstecken.

Ich bin nicht zärtlich, ich weiß das. Ich bin kein Mann, der gern berührt wird. Kathrin ist das Gegenteil.

Wenn ich vom Dienst nach Hause komme und sie erzählt mir was, dann faßt sie mich ständig an. Das mag ich nicht. Wenn ich gestreßt bin von der Arbeit und sie berührt mich, sträuben sich mir die Nackenhaare . . .

Im Urlaub oder an einem schönen Abend, in entspannter Stimmung, macht mir Berührung weniger aus. Da kann ich sie besser ertragen.

Nein, ich berühre niemanden gern. Ich mag keine Umarmungen. Liebesspiel okay – aber wenn die Liebe vorbei ist, dann ist es wieder genug. Daß man dann noch eng umschlungen schläft . . . Da bin ich längst wieder auf Distanz und liege lieber allein in meinem Bett.

Ich halte meine Emotionen zurück. Man muß nicht immer in die Tiefe gehen. Früher hat Kathrin versucht, mich zu beeinflussen, mir Gefühle zu entlocken. Das war mir lästig. Inzwischen hat sie es aufgegeben.

Manchmal, wenn sie mich trotzdem mit ihren Zärtlichkeiten überfällt, lasse ich einfach die Arme herunterfallen. Sie findet das beleidigend. Ich will sie nicht beleidigen, es geschieht unbewußt. Ich will ihr nur zeigen, daß es mir zuviel wird. Ich vermisse Zärtlichkeit nicht, sie ist mir eher lästig.

Manchmal mache ich mir Gedanken, ob es normal ist, daß man sich so oft umarmt. Wahrscheinlich ist beides richtig. Der eine Mensch reagiert so, der andere so. Obwohl – wenn die französische Verwandtschaft kommt, wo sogar die Männer herumküssen, ist mir das schrecklich unangenehm.

Ich kann mir trotzdem für mich keine Frau vorstellen, die kühl ist. Kalt bin ich selber. Ich brauche jemanden, der auf mich zugeht und von mir Gefühle fordert. Der mir die Zärtlichkeit gibt, die ich nicht geben kann.

Ich liebe Kathrin. Sie ist eine tolle Frau, eine starke Frau. Wir sind sehr verschieden: Sie redet gern, ich schweige. Sie tanzt gern, ich nicht. Sie fährt in die Berge, ich lieber ans Meer. Ich sehe gern fern, sie liest lieber. Sie braucht Bewegung, ich bin einer, der lieber sitzt ...

Ich bin ein eher schwacher Typ. Auch im Auftreten. Kathrin hat eine unheimliche Kraft und setzt sich auch dort noch durch, wo ich mich längst zurückziehen würde. Vielleicht könnte ich auch kämpfen. Aber ich will es nicht. Ich bin kein Kämpfertyp – sie reißt mich mit.

Ich fühle mich wohl mit meiner Frau. Ich bin nicht unglücklich. Sie gibt mir, was ich brauche.

Kathrin ist die Unzufriedene. Ich würde das gerne ändern, wenn es leicht ginge. Aber dann müßte ich mich ändern. Und davor fürchte ich mich. Und außerdem: Im großen und ganzen bin ich ein glücklicher, zufriedener Mann.

Kathrin sagt immer öfter, daß sie gerne eine eigene Wohnung hätte, damit sie sich zurückziehen kann. Manchmal fände ich das auch ganz schön. Besonders wenn die Spannungen zwischen uns wieder so stark sind. Dann würde ich in meinen vier Wänden warten, bis sie wieder abgeklungen sind. Es kann auch eine Chance für die erotische Beziehung sein, wenn man sich länger nicht sieht. Man stumpft doch ab nach zwanzig Jahren, das ist ganz normal. Aber wenn du allein lebst, hast du auch den ganzen Haushalt und all die Arbeiten, die jetzt die Frau macht! Dazu bin ich zu bequem . . .

Wenn Kathrin mir droht, mich zu verlassen, weil ich nicht genug mit ihr rede, weil ich sie nicht oft genug berühre, wenn sie mir sagt, »du bist so kalt«, dann antworte ich: »C'est la vie« – und nehme sie nicht ernst. Sie ist ja noch nie wirklich weggegangen.

Meine Frau tut mehr für unsere Beziehung als ich. Und wenn sie irgendwann kommt und sagt: »Jetzt bezahle die Rechnung, ich habe soviel für dich getan«?

Nun, dann bezahle ich die Rechnung. Aber erst dann. Ich hoffe, daß dieser Tag nie kommen wird. Ich hoffe, daß alles so weitergeht. Aber im Notfall, wenn es sein muß, würde ich auch um Kathrin kämpfen.

Das ist das Schreckliche an mir. Ich reagiere erst, wenn mir das Wasser bis zum Hals steht.

Aus der Kindheit

Ich bin ein Einzelkind. Ich nehme an, daß ich der Anlaß für die Ehe meiner Eltern war. Sie hatten keine gute Beziehung zueinander.

Wir haben bei einer Tante in der Wohnung gelebt. Sie hat sich so benommen, als ob ich ihr Kind wäre. Wenn meine Mutter sich um mich kümmern wollte, hat sie sich beschwert. Sie war die Stärkere und hatte die Macht. Ich war das Streitobjekt der beiden Frauen. Sie haben um mich gekämpft und viel Druck auf mich ausgeübt.

Mein Vater und meine Tante haben sich überhaupt nicht verstanden. Gestritten wurde trotzdem nie, jedenfalls nicht vor mir. Aber unter der Oberfläche herrschte eine unheimliche Spannung in der Familie. Als Kind ist mir das nicht so aufgefallen. Später habe ich bemerkt, daß mein Vater seinen Zorn auf meine Tante jahrelang unterdrückt hat.

Ich war sechs, als mein Vater ausgezogen ist. Mutter kam nicht mit in die neue Wohnung, weil sie meine Tante nicht verlassen wollte. Es war bequem bei ihr. Sie hat gekocht und den Haushalt geführt.

Mein Vater ist jeden Tag zum Frühstück zurückgekommen und war nach der Arbeit zum Abendessen wieder da. Er hat sich von meiner Mutter und von meiner Tante versorgen lassen und ansonsten sein eigenes Leben geführt. Nach dem Essen ging er auf ein Bier ins Wirtshaus zu seinen Freunden und hat seine Wohnung nur zum Schlafen betreten. Die Ehe meiner Eltern war ein einziges Elend.

Für mich war dieses Leben ganz normal. Ich bin ein gefühlloser Mensch und habe nichts vermißt. Ich kann mich auch nicht erinnern, ob sie zärtlich zu mir waren. Geld als Form der Zuwendung habe ich genug bekommen. Meine Mutter, mein Vater und meine Tante haben mir alles gekauft, was ich wollte, und mir noch heimlich etwas zugesteckt. Zu wem ich eine engere Beziehung hatte, weiß ich nicht. Sie haben alle drei um mich gekämpft.

»Ich brauche Berührung wie einen Bissen Brot.«

Kathrin, 49 Jahre alt

Ihr Gesicht teilt sich merkwürdig in zwei ganz verschiedene Hälften. Oben die grauen, ausdrucksstarken Augen mit unzähligen lebendigen Fältchen. Darunter die Züge starr und regungslos, der Mund scharf geschnitten und so schmal, daß er fast verschwindet. Als Kathrin lächelt und mit ihrer tiefen, weichen Stimme »Hallo« sagt, verwischen sich die Gegensätze in ihrem Gesicht. Das Starre verbindet sich mit dem Lebendigen und macht sie plötzlich zu einer schönen, wenn auch erschöpften Frau.

Kathrin spricht leise und bewegt sich kaum. Angespannt, mit geradem Rücken, sitzt sie da. Es scheint sie viel Mühe zu kosten, jedes Gefühl aus Körper und Stimme zu verbannen. Erst viele Stunden später sagt sie, mit Tränen in den Augen: In mir sind so viele Verschiedene. Ich kann sie nicht miteinander verbinden . . .

Ich bin vor meiner Familie nach Amerika geflüchtet. Es war eine herrliche Katastrophe! Die Mutter ist halb wahnsinnig geworden beim Gedanken, was mir dort alles passieren könnte – von Drogen bis zum Beischlaf mit einem Farbigen.

Eigentlich wollte ich nicht nach Amerika. Ich habe mich

entsetzlich gefürchtet. Aber es war meine einzige Chance zu entkommen. Alle haben mich unterdrückt. Sogar meine Schwestern haben an mir herumerzogen.

Stefan hat mir damals schon gefallen: sein Äußeres, seine ruhige Art. Aber er war mir nicht so wichtig, daß ich für ihn dageblieben wäre.

Amerika war furchtbar! Aber zurück zu meiner Familie wollte ich auch nicht. In meiner Einsamkeit war Stefan mir eine große Stütze. Er hat mir oft geschrieben und sogar Bücher geschickt. Diese Anhänglichkeit auf Distanz war wohltuend ... Ich bin Krankenschwester. Ich habe es gehaßt, wie die Ärzte mit den Menschen in der Klinik umgegangen sind. Sogar den Alten, die schon halb tot waren, mußte ich noch Vitamine spritzen, weil es fünf Dollar brachte!

Ich habe mich nicht eingelebt. Ich hatte immer Angst in diesem Land. Nach einem Jahr bin ich zurück nach Hause.

Stefan war der erste, den ich angerufen habe. Ich kann mich heute noch an das Glücksgefühl erinnern, als ich endlich seine Stimme wieder hörte.

Zu Hause war es schwierig, so ohne Boden unter den Füßen. Wir durften in Mutters Wohnung übernachten, aber nicht miteinander schlafen – obwohl ich vierundzwanzig war! Wenn sie mich in der Früh' in seinem Bett erwischt hat, war's für sie furchtbar.

Stefan war auch ein gehemmter Mensch. Mir hat das die Möglichkeit gegeben, mich freier zu bewegen. Wir haben uns gemeinsam vorgetastet, er gab mir das Gefühl, daß ich okay bin. Wir hatten einen schönen Sommer – dann wurde ich schwanger.

Ob ich ihn geliebt habe? Ich wußte gar nicht, was das ist, und weiß es bis heute nicht. Stefan war der erste Mensch in meinem Leben, der mich nicht kritisiert hat. Der mich genommen hat, wie ich bin. Ich habe ihn geschätzt, ich habe ihn gern gehabt. Es war jemand da für die Sexualität, er hat mich nicht überfordert. Das war das Wichtigste. Ich kann Menschen, die mich überfordern, nicht leiden!

Bevor ich Stefan traf, war ich ein paar Jahre mit einem anderen Mann zusammen. Damals habe ich geglaubt, das sei die große Liebe. Er war eine starke Persönlichkeit, gebildet, intelligent, selbstbewußt. Aber er war fordernd und hat nur an mir herumkritisiert! Ich bin mir blöd vorgekommen – wie in meiner Familie.

Stefan war ein angenehmer Ausgleich, ein Ruhepol.

Ich habe ihn geheiratet, um mich vor meiner Familie zu retten – und bin in die seine geraten. Ich mußte mit der Schwiegermutter und seiner Tante in einer kleinen Wohnung leben. Sie haben unser Kind versorgt. Ich hatte Schichtdienst im Krankenhaus, ich konnte nicht auf eigenen Füßen stehen. Ich frage mich noch heute, wie ich das ausgehalten habe. Es war erstickend mit den beiden Frauen! Stefan studierte in einer anderen Stadt und kam nur am Wochenende nach Hause.

Mein Mann hat mich überhaupt nicht unterstützt. Er hat sein Studentenleben weitergeführt und sich in die heimlichen Kämpfe um das Kind nicht eingemischt. Sonntag abends sah er zu, daß er möglichst schnell wieder abhauen konnte. Ich habe es schweigend ertragen. Ich denke, es war mein schlechtes Gewissen, mein Gefühl, daß ich ihm den Freiraum nehme, daß es ihm besserginge ohne das Kind und mich.

Die Schwiegermutter war eher friedlich. Die Tante aber wollte alles beherrschen, Stefan, mich und das Kind. Die beiden Frauen haben die Kleine beansprucht wie ihr Eigentum. Sie haben sich überall eingemischt, nichts war ihnen recht. Ich war nie allein mit meiner Tochter, nicht einmal eine Stunde. Sie haben mich ständig kontrolliert.

Ich habe nicht gewagt, mich dagegen aufzulehnen. Ich war ja nur Gast, sie haben mein Kind versorgt – ich war ihnen verpflichtet!

Das Kind war schwierig. Es hatte kaum Zeit, sich an mich zu gewöhnen, und hat viel geschrien in der Nacht. Unausgesprochen haben sie mir vorgeworfen, daß ich mit ihm nicht umgehen kann. Manchmal war's mir auch zuviel. Ich hatte ständig einen Zwölfstundentag vor oder hinter mir und nie genug Schlaf.

Nach zwei Jahren war ich wieder schwanger. Es war eine Panne, aber insgeheim habe ich mir das Kind gewünscht. Stefan war dagegen, er studierte noch immer.

Die Schwiegermutter und die Tante haben uns finanziell unterstützt, damit wir uns endlich eine eigene Wohnung leisten konnten. Ich mußte wieder dankbar sein.

Kaum waren wir umgezogen, war die Schwiegermutter auch wieder da. Wir brauchten ja jemanden für die Kinder. Sie hat meine Autorität untergraben, den Kindern erlaubt, was ich verboten hatte, und sie mit Süßigkeiten vollgestopft. Ich hätte mich gegen sie wehren sollen, aber ich habe mich nicht getraut.

Trotzdem war es für mich eine gute Zeit. Ich hatte endlich eine eigene Wohnung, konnte tun und lassen, was ich wollte. Ich habe mir mein Leben eingerichtet. Stefan kam nur am Wochenende, und wenn er wieder ging, war ich ganz froh.

Natürlich hätte ich mir manchmal Unterstützung gewünscht – wenn die Kinder aus dem Kindergarten kamen und ich erst vier Stunden geschlafen hatte . . . Dieses Schlafdefizit über so viele Jahre!

Dann war Stefan endlich fertig mit seinem Studium und kam zurück. Nach kurzer Zeit habe ich gedacht: Das halte ich nicht aus! Ist das alles? Da kommt einer von der Arbeit, sitzt herum, benimmt sich wie bei seiner Mutter und will bedient werden! Noch einer, für den ich arbeiten muß. Da war ja vorher alles besser!

Stefan hat sich um nichts gekümmert. Sogar am Wochenende, wenn ich Dienst hatte, war die Schwiegermutter für die Kinder da, damit der faule Prinz nichts tun mußte.

Da ist mir klargeworden: Ich bekomme nichts.

Es gab Diskussionen über meine Unzufriedenheit. Ich habe geheult, und er hat nichts gesagt. Er kann über Gefühle nicht reden. Ich habe mir so gewünscht, daß er endlich auch einmal aus sich herausgeht. Da lebt man Tag für Tag sprachlos nebeneinander, und wenn dann in der Nacht einer einfach herübergreift – so ohne Werbung –, dann ist das ekelhaft. Ich hatte immer öfter das Gefühl, daß ich nur zufällig da bin. Im Haushalt und im Bett.

Früher habe ich gern mit ihm geschlafen. Aber mit der Zeit habe ich die Lust verloren. Ich konnte dieses patriarchalische System nicht mehr ertragen: berufstätig und selbständig zu sein und trotzdem der Diener für einen anderen, dem man die Wäsche bügelt, für den man kocht. Für den man hunderttausend Handgriffe tut, die Frauen eben übernehmen, weil »es sich gehört«.

Ich habe darüber nachgedacht, was das für eine Partnerschaft ist. Es war nicht das, wonach ich mich sehnte. Stefan war langweilig. Einfach nur langweilig.

Ich habe es zu Hause nicht mehr ausgehalten, mußte unter Menschen. Ich war fast jede Nacht unterwegs. Stefan mußte mit. Ich habe ihn dazu gezwungen. Nach einer Weile war es mir zuviel. Die Oberflächlichkeit, der sinnlose Aufwand. Ich habe versucht, ruhiger zu werden. Es war so eine Unruhe in mir . . . Als ich sagte: »Jetzt mag ich nicht mehr«, war Stefan auch das egal. Seine Bereitschaft, alles zu tun, was ich wollte, ging mir furchtbar auf die Nerven.

Es hat nicht lang gedauert, und es war einer da, der war ganz anders als mein Mann. Einer, der mir seine Aufmerksamkeit geschenkt hat, der seine Gefühle ausdrücken konnte . . .

Ich habe Stefan gewarnt. »Du«, habe ich gesagt, »ich erwarte von dir ein anderes Benehmen. Sonst suche ich mir einen anderen!«

Er hat nicht reagiert . . . Also hatte ich vier Jahre lang eine Beziehung zu einem anderen Mann.

Es war eine wilde Zeit. Ich bin sexuell total ausgeflippt. Stefan hat es lange nicht gewußt. Aber er ist jemand, der still beobachtet. Und blöd ist er auch nicht. Eines Tages hat er gesagt: »Mein Mosaik ist fertig. Du hast einen anderen Mann.« Ich habe ihm geantwortet: »Dann such du dir doch auch eine andere. Wenn du glaubst, daß du mit der so umgehen kannst wie mit mir . . .?«

Von da an hatten wir »Stummfilm« zu Hause. Stefan hat nicht mehr mit mir geredet. Bis ich gesagt habe: »Wenn es so weitergeht, dann lasse ich mich scheiden.« Von da an ging er in Warteposition: Er war der Friedliche, der Höfliche, der Geduldige. Mein Liebhaber wurde nie mehr erwähnt.

Nach außen war alles wie immer. Wir haben ganz normal getan. Es ist niemandem aufgefallen, daß etwas nicht stimmt in unserer Ehe. Er hat mich ja vorher auch nicht mit Aufmerksamkeit überhäuft.

Ich habe Stefan so lange eingeredet, daß er sich eine Freundin suchen soll, bis er wirklich mit seiner Sekretärin auf Urlaub gefahren ist. Das war mir angenehm. Endlich konnte auch ich guten Gewissens mit meinem Geliebten verreisen. Unsere Kinder waren drei und fünf. Wir haben vereinbart, unsere Termine abzustimmen, damit die beiden nicht leiden müssen. Von da an hat Stefan mich manchmal sogar zum Rendezvous gefahren!

Seine Affäre dauerte nicht lange. Jetzt hatte ich wieder ein Problem . . .

Wenn neben dir ein Mann lebt, der weiß, daß du einen Freund hast, und das noch höflich erträgt, ist das ganz schön belastend. Obwohl – es hat mir auch gefallen, daß er gelitten hat. Leide nur, habe ich mir gedacht, wenigstens ein Gefühl!

Die Sexualität ist Stefan abgegangen. Ich konnte nicht mehr mit ihm schlafen. Ich hab' oft mit Herzklopfen im Bett gelegen, aus Angst, daß er sich mir nähert. Ich habe ihm den Rücken zugedreht und gesagt: »Ich kann nicht.« Das ging so über Jahre. Er hat es akzeptiert. Ich konnte ihn nicht mehr riechen, im wahrsten Sinn des Wortes. Sein Geruch war mir ekelhaft. Ich habe es ihm nie gesagt. Das Problem hat sich gelöst, als ich nach Jahren draufgekommen bin, daß auch mein Geliebter mich nur ausnutzt: seine Frau in einer anderen Stadt, die Kinder gut versorgt, mich im Bett und später als Hilfe in der neuen Praxis . . . Es war ja so bequem für ihn. Und ich habe mich abgestrampelt!

Als ich anfing, für meinen Freund zu arbeiten, hat Stefan das Geschirr nicht mehr abgetrocknet. Er hat gesagt: »Wenn du dort auch noch arbeiten kannst, dann helfe ich dir nicht mehr im Haushalt.« Das habe ich eingesehen.

Mit der Zeit fing ich an nachzudenken: Was will ich eigentlich? Warum tu' ich das Stefan und meinen Kindern an? Die Leidenschaft war längst vorbei, das Doppelleben nur noch belastend.

Die Abtreibung war ausschlaggebend für die Trennung. Ich kann mich heute noch an den Alptraum erinnern. Ich kam aus der Klinik, total benommen. Mein Geliebter hat auf mich gewartet. Ich mußte sofort nach Hause, die Kinder waren zu versorgen. Am nächsten Morgen hatte ich Dienst im Krankenhaus. Plötzlich wurde mir bewußt, wie allein ich war. Ewig auf mich selbst gestellt, ständig im Streß, immer nur überdreht und überfordert. Man investiert so viele Gefühle . . .

Einen Augenblick habe ich gedacht, ich will das Baby haben. Ich hätte es gerne Stefan untergeschoben. Aber das ging nicht. Da habe ich auf einmal gespürt, daß wir zusammengehören, daß ein anderes Kind fremd wäre in unserer Familie.

Ich habe gewußt: Ich will nicht mehr, es ist genug. Ich habe mit meinem Geliebten Schluß gemacht.

Meine Entscheidung war gut. Aber wie ich es gemacht habe, war falsch: Ich habe Stefan nichts von der Trennung erzählt. Ich war einfach wieder da – alles ist unausgesprochen geblieben: vier Jahre Liebe zu einem anderen Mann, eine Abtreibung . . . Wir sind zur Tagesordnung übergegangen, als ob nichts gewesen wäre. Weil auch ich nie gelernt habe, über mich zu reden. Und Stefan hat nie gefragt.

Es hat noch ein ganzes Jahr gedauert, bis ich wieder mit ihm schlafen konnte. Ich hatte keine Abneigung gegen ihn, ich hab' gedacht, es muß doch gehen! Ich mag ihn, und wenn wir miteinander leben wollen, dann gehört Sex dazu. Wir konnten doch auch früher – locker und ohne Probleme. Ich habe mich angestrengt, daß es wieder funktioniert. Stefan war immer bereit, und mit zunehmender Distanz zu meinem Geliebten ging es wieder.

Vier Jahre später mußte ich meine Schulter operieren lassen. Ich konnte nichts mehr heben, nichts mehr tragen. Wieder vier Jahre später war die Schilddrüse dran. Da war ich völlig überdreht und habe gewußt, daß ich mein Leben ändern muß, daß ich es so nicht mehr aushalte. Ich mußte mich auf die Suche nach mir machen. Danach forschen, warum ich innerlich nie ganz zufrieden bin, warum ich mein Gleichgewicht nicht finde. Als die Tochter und der Sohn aus dem Haus waren, da ist mir erst aufgefallen, daß neben mir ein Mann ist. Wir hatten unsere Beziehung noch gar nicht gelebt, die Kinder waren immer wichtiger gewesen. Ich wollte etwas tun, wollte nach zwanzig Jahren zu ihm finden. Ich hatte nie mein Augenmerk auf ihn gerichtet – obwohl er's wert gewesen wäre.

Stefan gibt mir das Gefühl, daß ich wertvoll bin. Er schätzt mich, er hat mich nie unterdrückt. Das ist es, was ich brauche: Anerkennung. Wir leben wie Bruder und Schwester. Einer läßt den anderen so sein, wie er ist.

Ich weiß, daß er Gefühle hat, er kann sie nur nicht zeigen. Er bringt mir Blumen mit, drückt sie mir in die Hand wie einen Telefonhörer – und geht mit dem Einkaufskorb in die Küche weiter. Das Lebendige in ihm ist abgewürgt.

Vor ein paar Tagen ist mir klargeworden, daß in ihm etwas steckt, was ich noch nicht kenne.

Es war bei einem Fußballspiel. Seine Mannschaft hatte gewonnen. Da springt er aus dem Sessel auf, reißt die Arme hoch und schreit und klatscht vor Begeisterung, ein Strahlen im Gesicht . . .

Wenn ich auf ihn zugehe, wenn ich ihn umarmen will, dann schiebt er mich oft einfach weg. Das kränkt mich jedesmal. Er mag nicht berührt werden – außer im Bett. Ich kann nicht verstehen, daß das unangenehm sein soll, wenn man jemanden liebt. Ich brauche Berührung wie einen Bissen Brot!

Wenn er mir Zärtlichkeit verweigert, dann werde ich manchmal »dramatisch«, wie er es nennt. Dann überfalle ich ihn mit meinem Zorn. Sag' ihm, daß ich es unerträglich finde, wie Bruder und Schwester zu leben, daß ich auf Sex verzichten kann, wenn das Hinübergreifen im Schlafzimmer das einzige ist, was ihm einfällt. Ich will verstanden und angenommen werden!

Er hört mir zu, aber ein Kommentar bleibt aus. Dann weine ich, und er steht einfach auf, weil es halb acht ist und im Fernsehen die Nachrichten anfangen. Danach ist Abendessen wie immer. Ich hatte halt wieder einen Ausbruch – das kann er leicht verkraften . . . Manchmal frage ich mich, ob wir nicht nur eine Nutzgemeinschaft sind. Eine Gemeinschaft, die den Kindern nützt, weil sie eine Familie haben, die für sie da ist.

Mein Sohn kommt nach Hause und wirft mir seine schmutzige Wäsche hin. Ich beziehe Betten, koche, putze. Ich tue es noch immer. Aber ich denke mir etwas dabei.

Kürzlich habe ich es endlich ausgesprochen: Ich möchte eine kleine Wohnung für mich alleine. Ich will nicht mehr all diese erwachsenen Menschen bedienen! Nicht, daß ich unbedingt allein sein will. Ich möchte bei Stefan bleiben, obwohl das Leben mit ihm mich nicht befriedigt. Unsere Gemeinsamkeit sind die Kinder, die Wohnung und diese lange Zeit, die wir nebeneinander gelebt haben. Aber ich frage mich: Was wird später? Wenn man nicht miteinander reden kann, muß man sich langweilen.

Sehe ich Stefan aus der Distanz, dann hat er viele Vorteile. Doch manchmal wird die Ruhe, die er ausstrahlt, für mich zur Gleichgültigkeit. Dann möchte ich aus seiner Nähe flüchten . . .

Aus der Kindheit

Mein Vater war ein Machtmensch, Nationalsozialist und sehr streng. Ich kann mich nicht an ihn erinnern, man hat es mir so erzählt.

Für ihn war es ein Drama, daß es keinen Erben gab. Ein Kind nach dem anderen kam zur Welt – immer nur Mädchen. Dazwischen gab es eine Fehlgeburt. Das war ein Sohn. Ich war die vierte und letzte Tochter. Meine Mutter hat gesagt, da sei es meinem Vater schon egal gewesen.

Meine Schwestern mußten zur Strafe auf Holzscheiten knien, die er vorher zugespitzt hatte. Ich bin die einzige, der das erspart geblieben ist. Von mir erzählt man, daß ich an Vaters Bett gesessen habe – seinen Kopf in meinem Schoß – und sein Gesicht gestreichelt habe. Zwei Tage lang, bis zu seinem Tod. Sie haben ihn aus dem Haus gebracht, es wurde viel getuschelt. Man hat nie etwas erfahren . . .

Meine Mutter hat den Vater totgeschwiegen. Und wenn sie von ihm sprach, dann negativ: »Ihr seid wie euer Vater«, hat sie im Zorn zu meinen Schwestern oft gesagt.

Die Wahrheit über seinen Tod habe ich erst vor ein paar Jahren erfahren: Mein Vater hatte multiple Sklerose. Er hat sich mit Tabletten und Alkohol umgebracht. Die Mutter hat ihm das nie verziehen.

Sie war eine starke Frau und hat versucht, Vater und Mutter gleichzeitig zu sein. Obwohl das Mütterliche gar nicht ihre Sache war. Das hat sie mehr der Tante überlassen, die dann zu uns gezogen ist. Und wenn die Kinder ihr zuviel wurden, fuhr sie zur Kur. In Wirklichkeit hat sie getan, was sie wollte.

Ich war ein pflegeleichtes, fröhliches Kind. Alle hatten mich gern. Aber niemand nahm mich ernst. Ich bin meinen Schwestern immer hinterhergelaufen. Und wenn ich eine eigene Meinung hatte, war sie nichts wert.

Das Wichtigste in meinem Leben war meine Freundin. Sie hat mir zugehört, ihr habe ich meine Phantasiegeschichten erzählt. Zu ihr bin ich vor meiner Familie geflüchtet – vor dieser Sprachlosigkeit und dem Schweigen.

Mutter hat uns Kinder schon bald ins Internat gesteckt. Ich wollte nicht, ich war ja erst zehn. Am Tag vor der Abreise bin ich vom Fahrrad gestürzt und habe mich verletzt. Es hat nichts genützt.

Im Internat haben sie versucht, mir alles abzugewöhnen, was an mir lebendig war. Ich habe tagelang geweint und meiner Mutter traurige Briefe geschrieben, damit sie mich abholt. Aber sie kam nicht. Da habe ich aufgehört zu lernen. Ich dachte, damit zwinge ich sie, mich aus diesem schrecklichen Ort zu befreien: vergitterte Fenster, riesige Schlafsäle, kalte Böden im Waschsaal und immer irgendwo eine Erzieherin, die dir zusieht . . . Schlafenszeit, Essenszeit, Freizeit, alles nach der Uhr und am Schnürchen.

Trotzdem war ich ein fröhliches Kind. Ich konnte das alles gut verdrängen.

Offenen Widerstand habe ich mir nie erlaubt. Der einzige Protest gegen meine Mutter war ein heimlicher: Nach drei Jahren mußte sie mich von der Schule nehmen, weil meine Noten so schlecht waren. Für meine Mutter war mein Bildungsrückstand furchtbar! Nun verlangte sie, daß ich Lehrerin werden sollte. Nach drei Jahren habe ich auch das abgebrochen und wollte lieber Kindergärtnerin werden. Als sie dann endlich einverstanden war, habe ich gesagt: Nein, Krankenschwester . . . Ich habe meist das Gegenteil von dem getan, was sie sich gewünscht hat.

In meiner Familie bin ich die Kleine geblieben. Ich hatte immer das Gefühl, ich komme gegen die anderen nicht an.

Dafür war ich für alle da. Ich habe den Schwestern mein Taschengeld gegeben und die Mutter gepflegt, wenn sie eine Gallenkolik hatte . . .

Aber es gab nie Lob und Anerkennung. Nie hat jemand gesagt: Das hast du gut gemacht.

Die unsichtbaren Mitspieler

Stefan

Stefan hat als Kind nur eine Chance: Er stellt sich tot. Und sagt noch heute von sich: »Ich bin ein gefühlloser Mensch.« Von Geburt an wird er für die Ziele anderer mißbraucht. »Ich nehme an, daß ich der Anlaß für die Ehe meiner Eltern war. Sie hatten keine gute Beziehung zueinander.« – Stefan wird zum Ehestifter.

Kaum geboren, gerät er in den Machtkampf zwischen Mutter und Tante, die ihn beide als ihren Besitz einfordern. Wer kann Stefan mehr für sich gewinnen?! Ohnmächtig ist er ihnen ausgeliefert. Bedroht von Nähe, erdrückt von Liebe, die nicht wirklich ihm gilt, wählt er unbewußt den Ausweg: nichts mehr spüren, nichts mehr fühlen. »Ich vermisse Zärtlichkeit nicht, sie ist mir eher lästig« – ein Ausdruck seiner Verletzung, tief drinnen bleibt die Sehnsucht danach ...

Auf engem Raum muß Stefan der Spannung zwischen drei Menschen entkommen, denn auch sein Vater verträgt sich überhaupt nicht mit der Tante: Er läßt sich verdrängen und zieht aus. Eine Demütigung für ihn als Mann und Vater. Stefan lernt unbewußt: Männer sind schwach, Väter verlassen ihre Kinder.

Aber ganz läßt der Vater sich seine Rechte doch nicht

nehmen. Er kommt täglich zum Frühstück und zum Abendessen. Heimlich kämpft auch er um die Gunst seines Sohnes
und steckt ihm Geld zu. Ansonsten lebt er auf Distanz. Dem
Kind fehlt jede Möglichkeit, sich mit dem Vater zu identifizieren.

»Zu wem ich eine engere Beziehung hatte, weiß ich nicht.«
In Wahrheit hat Stefan schon als kleiner Junge zu niemandem in seiner Familie eine tiefe Beziehung. Er ist ein einsa-
mes Kind. Seine Sehnsucht nach echter Nähe und Zärtlichkeit wird nie gestillt.

Als Mann holt er nach, was er sich damals nicht getraut
hat: Er identifiziert sich mit seinem Vater, indem er dessen
Leben wiederholt. Auch er überläßt seine Frau und die Kinder kampflos seiner Mutter und der Tante. Auch er geht
seiner Wege und flüchtet vor der Familie. Stefan kennt nichts
anderes. Für ihn ist das ein »normales« Familienmodell.

Kathrin

Kathrin bekommt von Geburt an keinen Wert. Ihre älteren
Schwestern werden wenigstens noch mit dem Gefühl der
Enttäuschung empfangen, weil sie keine Söhne sind. Für
Kathrin reicht es nicht einmal dafür: »Ich war die vierte und
letzte Tochter. Die Mutter hat gesagt, da sei es meinem Vater
schon egal gewesen.«

Den Vater kennt sie nur aus Erzählungen, ihr selbst fehlt
jede Erinnerung an ihn. Er soll brutal gewesen sein. Bevor
Kathrin sich selbst eine Meinung bilden kann, entzieht er
sich durch Selbstmord. »Von mir erzählt man, daß ich an
Vaters Bett gesessen habe – seinen Kopf in meinem Schoß –
und sein Gesicht gestreichelt habe. Zwei Tage lang, bis zu

seinem Tod.« Das kleine Mädchen trägt die Last eines Erwachsenen.

Die Mutter ist gekränkt, daß ihr Mann in den Tod geflüchtet ist. Wenn sie über ihn spricht, läßt sie kein gutes Haar an ihm. Die geheime Botschaft, mit der Kathrin aufwächst: Frauen müssen stark sein, auf Männer ist kein Verlaß.

Allein gelassen, überfordert von ihrer Rolle als Mutter und Ernährerin, überläßt Kathrins Mutter die Kinder häufig einer Tante. Mit zehn Jahren wird Kathrin ins Internat gesteckt: »Ich habe tagelang geweint und meiner Mutter traurige Briefe geschrieben, damit sie mich abholt. Aber sie kam nicht.«

Kathrin entscheidet unbewußt: Ich muß mich auf mich selbst verlassen, weil ich immer wieder im Stich gelassen werde.

Sie verliert ihr Vertrauen und beginnt für sich selbst zu sorgen. Aber auch niemand anders soll diesen Schmerz des verlassenen Kindes erleiden, und so ist sie für alle da: Sie pflegt die Mutter, gibt den Schwestern ihr Taschengeld ... Anerkennung gibt es dafür keine. Im Gegenteil. Sie ist die Kleine und wird unterdrückt, ihre Meinung gilt nichts. Sogar ihre Schwestern erziehen an ihr herum.

»Trotzdem war ich ein fröhliches Kind.« Kathrin versucht, ihrer Mutter nicht zur Last zu fallen. Durch Fröhlichkeit bemüht sie sich, wenigstens ein Stückchen Liebe zu ergattern. Widerstand kann sie sich nur heimlich durch schlechte Noten leisten.

Als Kind erlebt sie ihre Mutter in der Doppelrolle von »Vater und Mutter«. Ein Muster, das sie in ihrer eigenen Ehe wiederholt. Ihr Mann ist kaum da und entzieht sich der Verantwortung für die Kinder.

Das Paar

Kathrin und Stefan sind beide auf der Flucht vor ihren Familien. Sie glaubt zunächst, entrinnen zu können, indem sie nach Amerika auswandert. Er studiert so lange wie möglich in einer anderen Stadt, um der Macht von Mutter und Tante zu entkommen. Als Kathrin enttäuscht aus Amerika zurückkommt, flüchtet sie zu Stefan. Er ist der »Ruhepol«, er fordert sie nicht, er läßt sie so sein, wie sie ist.

Kathrin wird schwanger. Sie heiraten.

Das Glück ist nicht auf ihrer Seite. Wieder landet sie in einem Frauenhaushalt, wieder erziehen alle an ihr herum: »Sie haben sich überall eingemischt, nichts war ihnen recht.«

Kathrin und ihre Tochter geraten in das Machtspiel von Stefans Mutter und seiner Tante. Sie sind wie ein Pfand, das er zurückläßt, damit er frei sein kann. Stefan wiederholt die Geschichte seines Vaters und läßt Frau und Kinder allein, indem er weiterhin auswärts studiert.

Kathrin und Stefan wurden beide als Kinder unterdrückt und nehmen daher an: Eine gute Beziehung ist, wenn man einander nicht unterdrückt. Das genügt.

Mit der Zeit verwandelt sich Kathrins Glück in Frust. Stefan unterstützt sie nicht. Er lebt sein eigenes Leben und kümmert sich nicht um seine Familie. Ein bekanntes Muster aus ihrer Kindheit: Auch Kathrins Vater hat sich nicht um sie gekümmert und sich ihr durch seinen Tod entzogen. Von Stefan fühlt sie sich auch wieder verlassen. Er läßt sie allein mit den beiden Frauen, gegen die sie sich nicht wehren kann: ». . . sie haben mein Kind versorgt – ich war ihnen verpflichtet!«

Heimlich wünscht sich Kathrin ein zweites Kind, als Fahrkarte weg aus diesem Haushalt, in dem es dann zu eng sein wird.

Stefan ist dagegen. Unbewußt weiß er, daß es seine Flucht vor der Familie erschweren wird. Außerdem hat er ein schlechtes Gewissen, Mutter und Tante das für seine Freiheit eingesetzte »Pfand« wegzunehmen.

Die beiden bekommen ihr zweites Kind.

Und eine neue Wohnung.

Dort lebt Kathrin endlich allein. Aber die Kontrolle von außen bleibt. Mutter und Tante haben sich durch ihr finanzielles Engagement auch hier eine Eintrittskarte erkauft und bestimmen noch immer über die Kinder.

»Trotzdem war es für mich eine gute Zeit.« Von Mutter und Tante unterdrückt, vom Ehemann nicht unterstützt, als Krankenschwester ständig übermüdet ... Ihr Leben entspricht der Botschaft aus ihrer Kindheit: Frauen müssen stark sein, auf Männer ist kein Verlaß. Sie kann sich nicht eingestehen, daß sie im Stich gelassen wird, und idealisiert ihr Dasein als Leben in Freiheit.

Stefan macht sich wenig Gedanken über seine Familie. Er ist Gast im eigenen Haus und übernimmt keine Verantwortung. Dafür bleibt er einsam. Es fehlt ihm jede Vorstellung, wie ein Mann und Vater anders leben könnte ...

Alles funktioniert gut, solange die Familie keinen gemeinsamen Alltag lebt. Aber kaum ist Stefan mit seinem Studium fertig, beginnen die Probleme. Kathrin, die sich längst ohne ihn zurechtgefunden hat, stellt fest, daß plötzlich ein drittes Kind in ihr Leben tritt: Stefan. Gewohnt, von Frauen umsorgt zu werden, benimmt er sich weiter wie ein großer, verwöhnter Junge.

Kathrin hat zunehmend das Gefühl: »Ich bekomme nichts.« Er hilft nicht im Haushalt mit, kümmert sich nicht um Tochter und Sohn. Die Geschichte aus ihrer Kindheit wiederholt sich: Im Stich gelassen, versorgt sie sich selbst und andere.

Wenn sie sich Zärtlichkeit wünscht, läßt Stefan einfach die

Arme herunterfallen – wie ein bockiges Kind bei seiner Mutter. Sex hingegen funktioniert: »Ich mag keine Umarmungen. Liebesspiel okay – aber wenn die Liebe vorbei ist, dann ist es wieder genug.«

Schließlich reicht es Kathrin. Sie sucht sich einen Liebhaber. Stefan unternimmt nichts dagegen: »Schmerz habe ich keinen empfunden.« In seiner Welt ohne Gefühle hat er gar keine Möglichkeit zu reagieren. Wieder erlebt seine Frau sich als wertlos. Ihr Mann kämpft nicht um sie und geht in »Warteposition«.

Kathrin kann ihre Affäre nicht genießen. Sie muß sofort auch für Stefan sorgen: »Such' du dir doch auch eine andere.« Und wie ein braver Sohn befolgt ihr Ehemann den Ratschlag. Schon nach kurzer Zeit scheitert er an seinem Problem Nummer eins: Er kann sich nicht einlassen. Außerdem will er sich nicht anstrengen und sagt: »Was Ernstes wollte ich sowieso nicht.« Für seine Frau ist es ein Problem, daß nun wieder das Gleichgewicht gestört ist. Beide sind vertraut mit einer Dreieckssituation. In ihrer Kindheit war die dritte Person die Tante.

Nach vier Jahren erkennt Kathrin, daß sie wieder in dieselbe Falle getappt ist. Das, was im Schaufenster so schön glänzte, erweist sich im Laden als Betrug. Auch ihr Geliebter, der ihr seine Aufmerksamkeit schenkt und seine Gefühle ausdrücken kann, drängt sie in die Rolle der Versorgerin und nützt sie aus: »... im Bett und später als Hilfe in der neuen Praxis ... Es war ja so bequem für ihn. Und ich habe mich abgestrampelt!«

Als Kathrin zum erstenmal seine Hilfe braucht, weil sie von ihm schwanger ist, weiß er keinen anderen Rat als die Abtreibungsklinik. Gemeinsames Leben, das in ihr wächst, wird getötet. Das ist das Ende der Beziehung.

Stefan und Kathrin gehen schweigend zur Tagesordnung über, als sei nichts geschehen. Beide haben nicht gelernt, ihre Gefühle auszudrücken. Sie sind in »sprachlosen« Familien aufgewachsen. Sie können sich auch nicht als Paar begegnen, weil es kein Vorbild dafür gibt: Die Väter waren nicht anwesend und die Rolle der Mutter jeweils von der Tante besetzt.

Der Neuanfang ist für das Paar schwierig. Kathrin opfert sich noch mehr auf und hofft, daß sie dann endlich geliebt wird. Sie trägt die ganze Last der Beziehung und bezahlt mit einer Schulteroperation.

Die Bemühungen seiner Frau, ihm nahezukommen, sind für Stefan bedrohlich. Er flüchtet sich in Schweigen und Antriebslosigkeit: »Ich lasse alles laufen und finde es angenehm, daß Kathrin der Motor in unserer Ehe ist.« So funktionieren sie und leben mehr nebeneinander als miteinander.

Kathrin sucht nach einer Lösung und findet sie: »Ich möchte eine kleine Wohnung für mich alleine.« Damit hofft sie, ihrer Versorgerrolle zu entkommen. Auch für Stefan ist die Idee attraktiv. Er könnte in den eigenen vier Wänden gelassen warten, bis Spannungen wieder abgeklungen sind. Der Plan wird nicht in die Tat umgesetzt. Kathrin hat Angst vor Einsamkeit. Stefan, von Kindheit an gewöhnt, bedient zu werden, fürchtet: »Wenn du allein lebst, hast du auch den ganzen Haushalt und all die Arbeiten, die jetzt die Frau macht!« Er will erst reagieren, wenn ihm das Wasser bis zum Halse steht.

Stefan ist zufrieden und würde keine Frau wollen, die kühl ist: »Ich brauche jemanden, der auf mich zugeht und von mir Gefühle fordert.« Es scheint paradox. Er flüchtet ständig vor Nähe, aber die Sehnsucht danach begleitet ihn sein Leben lang.

Aber auch Kathrin kann sich nicht wirklich auf Gefühle einlassen: »Sehe ich Stefan aus der Distanz, dann hat er viele Vorteile.«

Wege aus der Krise

Kathrins Beitrag zur Gesundung der Beziehung könnte darin bestehen, Stefan Grenzen zu setzen. Dann könnte er aufhören, sich wie ein großes Kind zu benehmen. Sie braucht dafür die Erkenntnis, daß es in ihr tiefen Schmerz und Trauer gibt, weil sie als Kind im Stich gelassen wurde. Wenn sie das Wagnis auf sich nimmt, daß auch Stefan sie verlassen könnte, wenn sie ihm Grenzen setzt, dann hat das Paar eine Chance.

Ebenso wichtig ist es, Respekt vor seinen Grenzen zu entwickeln. Stefan hat Angst vor Berührung. Er braucht Verständnis für seinen Rückzug und Vorsicht bei Annäherung.

Stefans Chance wäre, sich seiner Gefühlsarmut bewußt zu werden. Er lebt sehr in sich zurückgezogen. Wenn er aus seiner Einsamkeit heraus Kathrin ein Stück entgegenkommen könnte, dann bekämen beide etwas von dem, wonach sie sich am meisten sehnen. Noch gibt es keine Balance zwischen Geben und Nehmen in der Partnerschaft. Er hat auf ihre Kosten studiert, ihr die Arbeit für die Familie überlassen. Er hat immer versucht, alle Probleme von sich fernzuhalten ...

Stefan und Kathrin haben kein Vorbild, wie ein Paar leben könnte. Eine Möglichkeit, dies zu entwickeln, wäre ein Wochenplan, in dem die verschiedenen Zeiten festgelegt werden, die in einer Partnerschaft Raum benötigen:

– Zeit für individuelle Bedürfnisse,
in der jeder seinen eigenen Weg geht. Stefan könnte sich ohne schlechtes Gewissen zurückziehen, Kathrin ihre Eigenständigkeit genießen.
– Zeit für die Partnerschaft
gibt ihnen die Gelegenheit, mehr miteinander zu kommunizieren. Sie könnten »Redezeiten« vereinbaren, in denen es

um ihre Beziehung geht. Gemeinsame Unterneh
beiden Spaß machen, beleben die Sinne.

– Zeit als Eltern

bedeutet, daß es gut sein könnte, den Kindern
merksamkeit zu schenken. In einem Rahmen, der
den Beteiligten immer wieder vereinbart wird. An einem
bestimmten Wochenende zum Beispiel, an dem die Zeit der
Familie gehört.

Wenn es ihnen gelingt, Nähe und Distanz in ihrer Beziehung
so zu regeln, daß die Bedürfnisse von beiden befriedigt werden, können sich die positiven Aspekte ihrer Kindheitsmu-
ster frei entfalten:

Stefans Gleichgültigkeit, die er heute noch als Schutz vor
Nähe braucht, könnte sich dann in Toleranz und Akzeptanz
wandeln. Seine Stärke ist, daß er Kathrin so sein lassen
kann, wie sie ist.

Kathrins Begabung, liebevoll zu versorgen, braucht das
richtige Maß, damit Stefan diese Qualität schätzenlernt.

»Ich habe schon als Kind gewußt, daß Ehen furchtbar sind.«

Elvira, 47 Jahre alt

Sie strahlt mich an. Ein sanftes Gesicht, neugierige braune Augen, ein Pagenschnitt. In ihrem geblümten Rock und der gelben Bluse sieht Elvira wie ein Landkind aus. Erstaunlich leicht und schnell für ihre Fülle führt sie mich vom Hotel durch enge Gassen.

Für eine Frau, deren Mann sich nach siebenundzwanzig Jahren von ihr trennen will, wirkt sie glücklich und vital. Als ob die Krise sie belebt, geradezu beflügelt.

Die kleine Wohnung, die sie mir am Stadtrand zeigt, wird in ein paar Tagen ihr neues Zuhause sein. Eine Chance für die Beziehung? Das Ende eines langen Weges? Sie weiß es nicht. Wir stehen auf dem bescheidenen Balkon, Elvira zeigt hinauf zu einem Dachgarten schräg gegenüber. »Dort wohn' ich jetzt noch mit ihm. Ich muß lachen, wie nah' das alles ist. Wir können uns von Fenster zu Fenster unterhalten.«

Das Paar trifft sich ganz kurz im Treppenhaus. Sie kommt, er geht. Ein kurzer, liebevoller Gruß, ein Blick in sein blasses, angespanntes Gesicht. Ich rätsle noch, warum Erich, der eigentlich in der besseren Position ist, so traurig aussieht – als Elvira mich zurückholt in ihr Leben:

»Gestern hab' ich in einem Buch über weibliche Urin-
stinkte gelesen: ›Wenn ihr jemals eingesperrt, eingeengt
und dominiert worden seid und seelisch Hunger gelitten
habt, dann wißt ihr, was es heißt, sich wie eine ausgehun-
gerte Bestie zu fühlen.‹ Dieser Satz hat mich sehr an mich
erinnert . . .«

Ich habe Erich in der Tanzschule kennengelernt. Er war ein
grober Klotz und hat mich sofort geduzt. Ich fand ihn überhaupt nicht anziehend. Wenn mir damals jemand gesagt hätte, daß ich ihn mal heiraten würde, dann hätte ich nur gelacht!

Als ich ihn wiedertraf, war er für mich das Trostpflaster
nach einer enttäuschenden Silvesternacht mit einem anderen. Wir haben miteinander getanzt und viel geredet. Dann
hat er mich nach Hause gebracht. Ich habe ihn gern gemocht,
aber ich war nicht verliebt in ihn.

Meine Mutter hat mir zugeredet, ihn zu heiraten: »Er ist
nicht schön, aber er mag dich wirklich. Ein schöner Mann
gehört dir nie allein.«

Es hat mich nicht gestört, wenn er zu mir gekommen ist,
aber auch nicht besonders gefreut. Er war so hartnäckig und
war mir so egal. Ich glaube, er hat weniger mich gesucht als
die warmherzige Atmosphäre bei uns zu Hause. Wir haben
diskutiert und Karten gespielt. Nach einer Weile hat meine
Mutter für ihn Hausschuhe gekauft . . .

Ich hatte immer Angst, mich zu verlieben. Es war für mich
gleichbedeutend mit »sich verlieren«. Ich habe schon als
Kind gewußt, daß Ehen furchtbar sind. Daß man nicht mehr
Herr über sich selbst ist, daß die Gedanken nur noch um das
eine kreisen: Warum kommt er nicht, warum ruft er nicht an?
Wenn er dann da ist und du kannst dich an ihn klammern,
dann ist die Welt wieder in Ordnung.

Ich habe schon als junges Ding gewußt, was ich will: eine

Ausbildung, die mich selbständig macht, eine Wohnung und ein kleines Auto. Vielleicht ein Kind, aber dann am liebsten adoptiert. Ein Mann war für mich nicht so wichtig.

Unsere Ehe war das Ende meiner Illusion, daß es mit Erich anders sein könnte. So hatte ich mir mein Leben nicht vorgestellt. Er war am Abend meistens weg – bei Kursen. Ich bin mit der Hausarbeit zurückgeblieben. Wir hatten nur ein Auto. Ich konnte nichts unternehmen. Ich stand am Fenster und sah hinunter in den Park. Da saßen auf den Bänken Liebespaare, und ich war allein da oben ...

Als unsere Tochter zur Welt kam, hatte ich am Anfang noch alles gut im Griff. Ich habe mich selbst gewundert. Diese disziplinierte Einteilung, die Regeln, die ein Kind erfordert, die Mahlzeiten, der Haushalt ... Ich habe brav mitgespielt. Erich war der liebevolle Nährvater und ich die glückliche Mutter. Ich hatte keine Zeit für mich, ich wollte funktionieren. Es ist mir nicht einmal aufgefallen, daß ich mich selbst belüge, daß ich mich selbst verbiege – daß ich das gar nicht bin.

Dann fingen meine Depressionen an.

Erich wollte unbedingt ein Haus bauen. Irgendwo auf dem Land. Ich hatte Angst, daß ich dann noch isolierter bin, daß das für mich noch mehr Verpflichtung bedeutet. In einem Haus hast du als Frau rund um die Uhr zu tun. Ordnung halten, Rasen mähen ...

Erich war nicht davon abzubringen. Ich habe mir nur noch gedacht: Hilfe – und wurde krank. Rückblickend glaube ich, daß ich mich nur so wehren konnte. Ich wollte ihn nicht erpressen ...

Ich konnte nicht mehr schlafen und wurde von schrecklichen Bildern verfolgt. Damals war Vietnamkrieg, das Grauen hat mich überwältigt. Der Arzt, der mich behandelte, war kein guter Helfer. Er hat mich mit Psychopharmaka vollgestopft und nie mit mir geredet.

Die Medikamente waren stark. Ich war nicht mehr ich selbst. Ich habe so viel gelacht. Ein unechtes Lachen, laut und schrill. Es kam aus mir heraus, ich konnte es nicht dämpfen, ich konnte nicht mehr aufhören. In Gesellschaft haben sich die Leute nach mir umgedreht . . .

Über Jahre hinweg war ich immer wieder im Krankenhaus. Dort hat mir jemand eines Tages eine andere Ärztin empfohlen. Mein Arzt saß hinter einem Riesenschreibtisch, in einem riesigen Ledersessel wie auf einem Thron. Ich war die kleine Maus vor ihm. Meine neue Ärztin hat einen kleinen Schreibtisch, an dem wir sitzen wie bei der Großmutter am Küchentisch. Bei ihr fühle ich mich endlich gut aufgehoben. Ich mache eine Gesprächstherapie und nehme gleichzeitig Lithium.

Ein paarmal habe ich versucht, mit den Medikamenten aufzuhören. Aber dann wurde ich sofort manisch. Das ist ein Superzustand. Du glaubst, du kannst die ganze Welt aus den Angeln heben, fängst fünf Sprachkurse gleichzeitig an, brauchst fast keinen Schlaf . . . Aber innerlich verbrennst du. Und wenn du abstürzt in die Depression, dann ist es um so schlimmer.

Erich gibt mir seit Jahren das Gefühl, daß ich nichts richtig mache, daß ich unzulänglich bin. Er lobt mich nicht und sagt nicht danke. Alles ist selbstverständlich. Dafür blamiert er mich vor unseren Freunden. Bringt anklagend das Zahnputzglas herein, an dem er weiße Spuren findet, zitiert mich in die Küche für ein Stück schimmliges Brot . . . Es ist nie sauber genug, ich bin nie ordentlich genug . . . Ich tue, was ich kann, und bewege mich in diesem Haushalt ständig am Rande meiner Kräfte. Aber es ist immer zuwenig.

Er hilft mir manchmal. Doch nur, um mir zu zeigen, wie man es richtig macht. Wenn er den Tisch deckt oder ein kaltes Abendessen serviert, dann sagt er stets: »Sieh, so stelle ich mir das vor« . . . und macht damit sofort den Wert seiner Arbeit wieder kaputt.

Wenn wir woanders eingeladen sind, lobt er das Essen überschwenglich: »Endlich wieder einmal etwas Gutes, das habe ich schon so lange nicht gehabt« . . . und macht damit meine Küche schlecht. Das verletzt.

Er möchte ständig viele Gäste haben, für die ich kochen soll. Früher habe ich das oft getan – ihm zuliebe. Wir hatten im Sommer drei- bis viermal in der Woche Freunde auf unserer Dachterrasse. Ich bin mit den Schüsseln unzählige Male treppauf, treppab gelaufen. Und das nach meinem Fulltimejob als Sekretärin. Er hat mich überfordert.

Seine Mutter sieht mich als Rivalin. Sie ist im Haushalt so perfekt, daß sie sogar die Blumenkästen von außen abwäscht. Und wenn ich mit ihr telefoniere, erzählt sie mir nicht, wie es ihr geht, sondern was sie heute schon geleistet hat. Vielleicht nehme ich aus Widerspruch den Haushalt nicht so ganz genau . . .

Das Wort »perfekt« ist für mich seit Jahren ein Reizwort. Ich kann es nicht mehr hören. Was ist schon perfekt?! Eine Schneeflocke, ein Augenblick, in dem dir etwas so gelingt, daß du weißt, besser kannst du es nicht machen. Das ist ein Glücksmoment, der nichts mit dem zu tun hat, was Erich darunter versteht. Er will alles perfekt haben und wirft mir vor, daß ich kein System habe. Das beginnt schon bei der Wäsche: Ich lege sie nach dem Bügeln in den Wäscheschrank – wo eben Platz ist. Bettwäsche zu Bettwäsche, aber doch nicht zusätzlich geordnet nach Laken und Überzügen! Ich krame gern herum, wenn ich etwas brauche. Das macht mir Spaß! Dann kommt Erich, bringt seine Ordnung hinein und erwartet, daß das so bleibt. Ich kann das nicht, es schränkt mich ein, und außerdem durchschaue ich sein System nicht.

Wenn er mich runtermacht, weil ich nicht nach seinen

111

Regeln lebe oder die Butter nicht im Kühlschrank steht, dann sage ich meistens nichts. Ich will unseren Frieden nicht gefährden und kehre meinen Unmut unter den Teppich. Aber so alle drei Monate ist die Waffenruhe vorbei. Dann bin ich wie ein Schnellkochtopf mit Überdruck und kann mich nicht mehr beherrschen. Dann kotze ich alles aus mir heraus und nenne ihn ein »Arschloch« und Schlimmeres.

Er bringt eine Starrheit in mein Leben, die gegen meinen Rhythmus ist. Wenn er verreist ist, dann esse ich ganz anders, dann lebe ich ganz anders. Dann gibt es keine fixen Zeiten, dann ist alles verwildert. Ich koche, wenn ich Hunger habe, ich ruhe mich aus, wenn ich müde bin, und wenn ich mich in etwas vertiefe, vergesse ich die Welt um mich ...

Früher habe ich mich widerwillig seinem Zeitplan angepaßt. Ich kann ihm das nicht zum Vorwurf machen. Ich habe zuwenig auf mich geachtet, weil mir die Harmonie so wichtig war. Ich habe oft zwei Stunden meinen Hunger unterdrückt, damit wir essen konnten, wenn er es wollte. Damit ist es jetzt vorbei. Ich will nicht mehr vor die Hunde gehen! Ich will mein Leben ändern. Mein Übergewicht ist ein Panzer, den ich jetzt nicht mehr brauche. Ich kann mich anders schützen: Ich lerne, mich selbst zu mögen, ich nehme mich endlich wichtig.

Sex war von Anfang an schön mit Erich. Im Bett war er sehr einfühlsam. Ich hätte ihn mir nur manchmal stürmischer gewünscht. Er hat sich unheimlich bemüht, auch als ich schon depressiv war. Vielleicht hat er gedacht, er könne mir damit helfen. Und trotzdem – irgend etwas hat mir gefehlt. Ich habe nach einer Geborgenheit gesucht, die ich bei ihm nicht finden konnte. Wenn ich mir Zärtlichkeit gewünscht habe, wenn ich beim Fernsehen nur einfach neben ihm sitzen wollte, hat er geglaubt, daß ich Sex von ihm will ...

Vor unseren Freunden hat er damit geprahlt, daß ich so

heiß bin und nur so zische, wenn er mich berührt. Daß ich immer will. Das war demütigend für mich und peinlich für die anderen. Es stimmt, daß ich gern täglich mit ihm schlafen wollte. Er hat sich in den letzten Jahren oft verweigert und mich als Monster hingestellt, das ihn verschlingen will. In Wahrheit war er höchstens einmal in der Woche mit mir im Bett.

Als unsere Tochter mit zwanzig auszog, war unser Liebesleben bald vorbei. Er hat sich ihr Zimmer neu eingerichtet und sich ein Wasserbett gekauft. Ich wollte nicht auf diesem Bett und habe ihn oft gebeten, daß wir's woanders tun. Er war nicht bereit dazu, und eines Tages hatte ich es satt. Das Feuer war sowieso schon längst erloschen. Es hat ihm nichts mehr an mir gepaßt. Ich war zu dick, mein Busen war zu groß ...

Erich ist ein typischer Mann. Er gibt nichts von sich preis. Auch wenn er sich bemüht, kann er Gefühle schwer ausdrücken und stammelt hilflos herum. Wenn wir im Kino waren, in einem Film so richtig schön mit Herz und Schmerz, und ich war aufgewühlt und wollte mit ihm darüber reden, hat er gesagt: Was willst du noch. Wir haben ihn gesehen ...

Manchmal ist er begeistert, wenn ich ihm schöne Bilder zeige. Einen Baum im Abendrot auf einem kleinen Hügel oder die Rapsfelder in sattem Gelb ... Das kann er genießen. Aber es kommt nichts von ihm zurück.

Männer denken nicht soviel über sich nach wie Frauen, machen sich vieles nicht bewußt. Und wenn sie doch etwas erkennen, sind sie total verunsichert und bemitleiden sich selbst ...

Das Leben mit Erich ist wie eine Kneippkur – kalt, warm, kalt, warm. Manchmal möchte ich ihn in die Arme nehmen und einfach drücken, da spüre ich meine Liebe zu ihm. Aber wenn er dann wieder meckert, nur weil im Reisfleisch keine

Tomaten sind, dann denke ich mir: Sei froh, daß du ihn los wirst. Du kannst ihn doch nicht ändern . . .

Früher habe ich oft gedacht, ich halte es nicht mehr aus bei diesem Mann. Ich war so einsam, er hat mich nie verstanden. Aber ich bin dann doch geblieben. Ich wollte meiner Tochter ihr Nest nicht nehmen, ich wollte meiner Mutter diesen Schock nicht antun. Sie hat uns auch immer wieder bestochen. Mit einem schönen Schrank, einem neuen Klavier . . . Sie war so gut zu uns.

Scheidung ist für mich ein schreckliches Wort. Die Trennung meiner Eltern war eine Schande, die mich als Kind geprägt hat. Solange ein Mann nicht fremdgeht oder die Frau schlägt, gibt es dafür keinen Grund.

Erich will sich von mir trennen, weil ich ihm viele Dinge vorgeworfen habe, die er mir nicht verzeihen kann: Du machst mich krank, du bist schuld an meinen Depressionen, du verschwendest unser Geld und so weiter . . . Er ist unheimlich empfindlich und trägt wie eine Schnecke ein Haus mit sich herum, in das er sich verkriechen kann.

Ich bin ganz anders. Ich spucke aus, was mich verletzt, mache ein Riesengewitter, und dann ist wieder frischer Morgentau.

Bei ihm werden alle Beleidigungen aufbewahrt. In einem Glas mit Deckel. Nach all den Jahren muß es schon so groß sein wie ein ganzes Schwimmbecken! Jede neue Bemerkung von mir kommt dazu und wird sorgfältig konserviert. Er hält alles gut unter Verschluß und möchte es gern verdrängen.

Aber es geht nicht. Inzwischen quillt der Schimmel schon zum Deckel heraus. Wahrscheinlich sind auch Würmer drin, die vor sich hin brüten.

Ich würde dieses Glas gerne mit ihm öffnen. Den Müll aus unserer Ehe wegschaffen und ihn nicht immer wieder kompostieren.

Ich mag Erich mehr denn je. Man kann auch miteinander

leben, wenn man verschieden ist. Man muß nur aufeinander eingehen. Manchmal habe ich das Gefühl, daß er mit dieser Trennung nicht umgehen kann. Daß auch er am liebsten sagen würde: »Komm, laß uns zusammenbleiben.«

Aus der Kindheit

Mein Vater war ein attraktiver Mann, ein Draufgänger. Er hatte keinen guten Ruf im Stadtteil, in dem wir lebten. Er hat meine Mutter sehr geliebt und von ihr erwartet, daß sie ihm sein Lausbubenleben verzeiht.

Meine Mutter und mein Vater waren sehr verschieden. Am Anfang war das reizvoll. Aber irgendwann konnte sie seine Art nicht mehr ertragen. Er war ein Luftikus, sehr sportlich und immer auf der Suche nach neuen Abenteuern. Sie konnte nicht Ski laufen, nicht schwimmen und wollte es auch nicht lernen. Wenn Mutter seine Interessen geteilt hätte, dann wäre vielleicht alles anders gekommen. Aber sie hatte keine Ambitionen.

Bei ihrer Hochzeit wog sie achtundvierzig Kilo. Nach meiner Geburt waren es achtzig. Sie hat sich durch die Ehe sehr verändert. Das war für meinen Vater, den sportgestählten Adonis, sicher nicht einfach. Es gab immer wieder andere Frauen.

Meine Eltern hatten ein Gasthaus, unsere Wohnung lag im zweiten Stock. Die Mutter hat mich am Abend ins Bett gebracht. Dann ging sie arbeiten. Sie hat die Türe hinter sich zugesperrt und mich in der Dunkelheit allein gelassen. Ich sehe mich noch immer in diesem Gitterbett. Ich war so klein, daß ich den Lichtschalter nicht erreichen konnte.

Ich habe mich vor den Gestalten aus den Märchen gefürchtet und viel geweint. Ich habe meine Mutter jeden Abend angefleht: Bleib da, geh nicht weg von mir. Sie hat sich an mein Bett gesetzt und versprochen, daß sie bleibt. Ich habe genau gewußt, daß sie lügt und diese Lüge täglich wiederholt. Die tiefe Wunde, daß sie mich betrogen hat, die spüre ich noch heute.

Meine Mutter war eine warmherzige Frau. Aber sie hat aus meiner Erziehung eine Kneippkur gemacht. Manchmal war sie ganz lieb, dann wieder hat sie mich hart bestraft – für kleine Fehler. Ich habe ihre Schläge oft als ungerecht empfunden.

Für meine Eltern war ich ein Versuchskaninchen. Sie haben mich dressiert und waren stolz darauf, mich vorzuführen. Ich konnte noch nicht sprechen, da habe ich beim Kommando »Wie groß bist du« ganz stolz mit meinen Händchen die Höhe angezeigt. Und wenn wir in die Stadt fuhren, hat meine Mutter mir an der Busstation nie erlaubt, in meinem schönen Kleidchen auf die Rutschbahn zu klettern. Sie hat mich dauernd kontrolliert: ob ich keine Trauerränder unter den Nägeln habe, ob meine Haare in Ordnung sind. Ich durfte nicht pfeifen, weil das Mädchen nicht tun, ich durfte nicht Fußball spielen . . .

Als ich acht Jahre alt war, hat sich Mutter scheiden lassen. Es war ein Skandal in einer Zeit, in der man sich nur in Hollywood scheiden ließ. Wie eine Ware, die zurückgeschickt wird, weil sie nicht gefallen hat, ist Mutter ins Elternhaus zurückgekehrt.

Für mich war's keine große Veränderung. Die Großeltern wohnten schräg gegenüber. Wir waren schon vorher eine Großfamilie gewesen, in der ich mich geschützt und eingebunden fühlte.

Für meine Mutter war es furchtbar. Sie mußte sich immer wieder anhören: »Das hättest du dir ersparen können, du hast ja nicht auf uns gehört . . .« Sie hätte lieber eine eigene Wohnung gehabt. Aber sie wollte mir mein gewohntes Nest erhalten und hat sich für mich geopfert.

Meine Mutter hat Trost darin gefunden, daß es woanders auch nicht besser zugeht, und sich mit der Großmutter stundenlang am Küchentisch darüber unterhalten, daß der eine eine Freundin hat, der andere seine Frau schlägt, der dritte das Geld vertrinkt ... Ich war im Nebenzimmer und habe alles aufgeschnappt. Für mich war klar: Es gibt keine intakten Familien.

Die Mutter und die Großmutter haben oft auf meinen Vater geschimpft. Ich habe ihm trotzdem keine Schuld zugewiesen. Für mich war er ein liebenswerter Schlingel. Ich konnte bei ihm ein und aus gehen, wie ich wollte.

Meine Großmutter war für mich fast wie eine Schwester. Sie hat sich mit mir in meine Welt begeben. Sie hat mit mir gesungen und getanzt, ich durfte aus ihren langen Haaren die verrücktesten Frisuren machen. Sie war mir näher als meine Mutter.

»Ich kann aus ihr keinen anderen Menschen machen.«

Erich, 49 Jahre alt

Die Stimme gleichmäßig, die Mimik kontrolliert. Erich gibt nicht preis, was hinter der Beherrschung liegt. Er ist freundlich, bemüht und gleichzeitig unnahbar. »Ich bin wie die Festplatte eines Computers, die unentwegt nach Daten sucht«, sagt er und strengt sich an, mich mit den »richtigen« Antworten zu füttern.

Ich frage ihn immer wieder nach seiner Kindheit. Nichts. Die Eltern streng, aber liebevoll. Ja gut, die Schwester mit zwei Jahren im See ertrunken – »aber es hatte keinen Einfluß auf mich . . .«

Das Gespräch ist bald zu Ende. Und noch immer verstehe ich so wenig von ihm, daß ich ungeduldig werde. Ich bin fast froh, daß um Mitternacht mein Zug fährt und Erich mich endlich zum Bahnhof bringt.

Der Zug verspätet sich. Es bleiben ein paar lange Minuten. Ich versuche ein letztes Mal, diesem Mann näherzukommen, sein Geheimnis zu ergründen:

»Ich habe Mühe, Ihnen zu glauben, daß Ihre Kindheit so glücklich war. Es ist, als ob Sie hinter einer Glaswand leben, aus Schutz vor einem unbekannten Grauen.«

»Vielleicht haben Sie recht«, sagt er. »Kürzlich hat meine

Mutter mir erzählt, daß sie nach dem Tod meiner Schwester
vor Schmerz fast verrückt geworden ist. Sie hat sich ein
halbes Jahr nicht um mich kümmern können. Ich war sechs
Monate alt. Ihre Milch blieb weg. Ich wurde krank und wäre
fast gestorben.«

Erich erzählt es lächelnd, als wäre es die Geschichte eines
anderen.

»Ich wünsche Ihnen, daß Sie eines Tages diesen Schmerz
von damals fühlen können.«

Die Glaswand ist für ein paar Sekunden weg. Erich um-
armt mich, und als ich ihn am Bahnsteig zurücklasse, bin
ich traurig.

Elvira war für mich die große Liebe. Sie war gutaussehend,
amüsant und interessiert. Ich habe mich unheimlich angestrengt, um sie zu erobern. Zuerst ist es mir auch gelungen.
Dann hat sie einen anderen kennengelernt.

Der Zufall wollte es, daß wir uns nach einem Jahr wieder-
sahen. Die Geschichte mit dem Freund von damals war vorbei. Es hat sich alles gut entwickelt – wir sind wieder zusam-
mengekommen. Sie hat gesagt, daß sie nicht so bald heiraten
möchte. Ich habe die Ehe gesucht. Ich weiß nicht mehr,
warum. Vielleicht, weil es dazugehört.

Elviras Mutter hat unsere Hochzeit geschickt eingefä-
delt. Sie hat für uns eine Wohnung gefunden, uns alle Wege
geebnet. Und weil wir ohnehin irgendwann heiraten wollten, haben wir gesagt: Dann springen wir halt jetzt ins
kalte Wasser. Vielleicht wären wir sonst gar nicht zusam-
mengeblieben . . .

Am Anfang habe ich die Initiative übernommen, daß wir
ein Paar werden. Aber dann hat auch Elvira ihren Beitrag
geleistet, um die Verbindung zu festigen. Sie hat gut mitgezogen in den ersten Jahren. Ich war glücklich und hatte den
Eindruck, daß wir gut zusammenpassen.

Warum wir uns so auseinandergelebt haben, das ist ein anderes Kapitel. Wenn ich zurückdenke, hat es schon früh angefangen ...

Kurz nach der Geburt unserer Tochter wurde Elvira depressiv. Ich war beruflich viel unterwegs. Es hat mir Spaß gemacht. Ich konnte andere Menschen kennenlernen und vor den Schwierigkeiten mit ihr flüchten. Sie war unzufrieden und hat mir ständig vorgeworfen, daß ich mich nicht genug um sie kümmere und sie mit dem Kind zuviel allein lasse. Daß ich alle Entscheidungen treffe und sie nicht mitreden kann. Wenn ich dann sagte: »Okay, Elvira, dann mach' du doch« und ihr etwas überlassen wollte, hat es nie funktioniert.

Sie war zu Hause und hatte nur das Kind. Sie hätte wirklich Zeit gehabt, eigene Ideen zu entwickeln. Zum Beispiel das Wohnzimmer schön einzurichten ... Im Endeffekt ist nichts passiert. Zwei- oder dreimal habe ich konsequent versucht, sie einzubeziehen. Einmal habe ich ihr die Planung eines Urlaubs überlassen. Ich habe ihr gesagt: Ganz egal, wo du hinfahren möchtest, es ist mir recht, wenn du dich dann dort wohl fühlst. Mehr als in einem Packen Prospekte aus dem Reisebüro zu blättern, hat sie nicht zuwege gebracht ...

Als ich gesehen habe, daß es nicht anders geht, habe ich die Urlaubsplanung wieder übernommen und meine Vorstellungen realisiert. Es war regelmäßig ein Kampf. Und immer wieder Unzufriedenheit und Vorwürfe, weil sie sich nicht wohl fühlte. Dazwischen war's auch wieder schön. Aber von den vielen Urlauben, die wir zusammen verbracht haben, gab's vielleicht drei, von denen sie ehrlich zugibt, daß sie auch ihr gefallen haben.

Am Anfang unserer Ehe hat Elvira oft versucht, es mir recht zu machen – und wurde dann doch nicht damit fertig. Sie hat sich angepaßt und mehr und mehr gespürt, daß es ihr schlecht damit geht. Ich habe damals nicht begriffen, daß wir so verschieden sind, daß das Ende vorprogrammiert war.

Elvira hat sich immer mehr zurückgezogen. Wenn wir etwas gemeinsam unternommen haben, dann mir zuliebe. Später habe ich sie nicht mehr überredet und bin alleine weggefahren. Dann war sie unglücklich, weil ich fort bin. Ohne sie.

Freunde bei uns zu Hause wollte sie auch nicht. Sie hat sich beschwert, daß sie dann soviel arbeiten muß, und hat nur mit großem Widerwillen gekocht – obwohl sie das gut kann. Wenn Gäste da waren, hat sie die perfekte Hausfrau gespielt, die Runde unterhalten und die Aufmerksamkeit auf sich gelenkt. Kaum aber waren sie weg, hat sie über die schmutzige Küche und das viele Geschirr geschimpft.

Elvira war immer schlank. Nie dünn, aber eine sehenswerte Frau. Auf einmal hat sie sich gehenlassen – total. Sie ist aus der Form geraten und ich mit ihr. Ich habe sie viele Male gebeten, weniger fett zu kochen – umsonst. Da bin ich zu den Weight Watchers gegangen und habe eine Zeitlang für mich selbst gekocht. Man kann sich nicht ein Leben lang von Schweinebraten und Koteletts ernähren! Elvira hat ihre gewohnte Küche beibehalten. Und mit der Zeit ist auch mein Gewicht wieder gestiegen, weil mir ihr Essen so gut schmeckt. Ich bemühe mich, mein Idealgewicht zu erreichen. Meine Frau möchte das auch, aber sie will nichts dafür tun. Sie macht zwar meistens Salat, ißt pro forma drei Blätter zu dicken Wurst- und Käsebroten.

Elvira ist manisch-depressiv. Zweimal im Monat hat sie ihre aggressiven Stunden. Für mich sind ihre heftigen Ausbrüche eigentlich keine Krankheit. Sie weicht nur etwas von der Norm ab und nimmt sich dann Unglaubliches heraus. Beschimpft mich wüst, nennt mich das größte Arschloch und Schlimmeres. Kaum ist es vorbei, will sie mit mir ins Bett . . .

»Wie kannst du mit dem größten Arschloch der Welt ins Bett gehen wollen?« sage ich dann . . . Wenn ich dann doch mit ihr schlafe, bin ich für sie der Größte und der Beste. Dieses Wechselspiel zermürbt mich!

Elvira hat mich mit Sex ganz schön erpreßt. Wenn ich einmal müde war und nicht wollte, war sie böse. Ich habe oft nur mit ihr geschlafen, damit ich meine Ruhe hatte, damit die Wogen geglättet waren.

Natürlich hat es auch Spaß gemacht. Aber manchmal habe ich mich gefühlt wie diese Frau in einem Witz, die auf dem Rücken liegt und während des Liebesspiels sagt: »Du, die Decke gehört auch wieder mal gestrichen . . .«

Elvira hat einen enormen Bedarf an Zärtlichkeit. Es hat ihr nie genügt, daß wir den Abend miteinander verbringen und fernsehen. Nein, da mußte man nebeneinander sitzen, Händchen halten und kuscheln. Dieser übertriebene Wunsch nach Nähe, die Forderung, daß ich unentwegt voll auf sie eingehen muß, wurde mit den Jahren immer schlimmer. Sie hat etwas von mir erwartet, was ich nicht geben konnte. Wenn ich in meinem Arbeitszimmer am Computer saß, kam sie vorbei und hat mich von hinten umarmt. Mir sträubten sich alle Nackenhaare. Schauer liefen über meinen Rücken. Ich habe mich überfallen gefühlt, erdrückt und eingeengt.

Elvira wirft mir vor, daß ich verschlossen bin. In diesem Punkt hat sie sicher recht: Ich erzähle ihr nichts von mir. Nicht, was ich denke, und schon gar nicht, was ich fühle. Das ist ein Schutzmechanismus. Denn alles, was ich ihr erzähle, knallt sie mir prompt beim nächsten aggressiven Anfall als Vorwurf an den Kopf.

In den letzten Jahren war ich immer häufiger von zu Hause weg. Ich habe eine Firma in Südfrankreich gegründet, und wenn mir alles über den Kopf gewachsen ist, bin ich dorthin geflüchtet. Ich habe viel Kraft und Energie in dieses zweite Standbein investiert.

Kaum war ich wieder zu Hause, hatte ich ein flaues Gefühl im Magen. Ich habe mich in meiner Haut nicht wohl gefühlt, aus Angst, was jetzt wieder auf mich zukommt.

Wenn ich ein paar Tage weg bin, dann kann ich doch erwarten, daß in der Zwischenzeit mein Bett gemacht ist, daß sie die Küche aufräumt, die Wäsche bügelt und das Altpapier nach unten bringt. Elvira hat selbst diese einfachen Handgriffe oft verweigert.

Ich verlange keine pedantische Ordnung. Aber ich möchte, wenn ich in den Wäscheschrank greife, wenigstens eine Garnitur vorfinden, die zusammenpaßt. Ich möchte zwei Überzüge, zwei Kopfkissen und ein Laken nehmen, ohne mich mühsam durchzuwühlen. Bei uns ist alles kunterbunt gemischt, es gibt kein erkennbares System. Sogar die Unterhosen und die Unterhemden sind nicht getrennt gestapelt, und wenn zwei Socken dieselbe Farbe haben, ist meistens einer dick, der andere dünn. Das wäre doch nicht nötig. Wenn ich mich einer Aufgabe ein paar Minuten konzentriert widme, ist sie doch schnell erledigt!

Elvira kann das nicht. Sie ist unheimlich sprunghaft. Sie trägt zum Beispiel das Geschirr in die Küche und fängt mit dem Abwaschen an. Dann fällt ihr plötzlich etwas anderes ein, und sie läuft einfach weg ...

Ich habe in meiner Ehe viele Abstriche gemacht und immer mehr versucht, so zu leben, wie sie es gerne wollte. Sie hat mir, wenn sie aggressiv war, trotzdem gesagt, daß ich der letzte Mensch bin. Ich habe immer gehofft: Das geht vorbei. Ich war vernünftig. Ich hatte Angst, daß sie sich etwas antut. Sie hat mich jahrelang mit ihrer Krankheit unbewußt erpreßt.

Wie es mir wirklich geht, darüber mache ich mir erst in letzter Zeit Gedanken. Vorher war ich so in meinem Leben drin, daß ich das nie analysiert habe. Wenn du beruflich Erfolg hast und Freunde, wenn alles andere läuft – außer der

124

Beziehung –, dann dauert es länger, bis du dir darüber klar wirst.

Vor ein paar Monaten bin ich draufgekommen, daß ich mich schon vor Jahren entliebt habe. Daß ich das Spiel nur noch mitspiele, damit der Laden weiterläuft.

Ich kann aus ihr keinen anderen Menschen machen. Das Gefühl ist uns längst abhanden gekommen. Ich kann mir nicht mehr vorstellen, mit ihr zu schlafen. Sie müßte mich schon vergewaltigen.

Ich habe mir jetzt ein Genesungsprogramm verordnet. Ich will mich von Elvira lösen, so fair wie möglich. So, daß ich keine großen Emotionen hinterlasse.

Wenn ich bei meiner Frau bleiben würde, dann müßte ich mich ändern: mich mehr mit ihr beschäftigen, meinen Freundeskreis reduzieren, ihr ungesundes Essen nicht kritisieren, mit ihrer Ordnung zufrieden sein ... Das kann ich nicht. Neben ihr würde ich vor die Hunde gehen.

Elvira hat mir immer vorgeworfen, daß ich schuld an ihrer Misere bin, daß ich ihr Leben verpfuscht habe. Jetzt stehen ihr alle Möglichkeiten offen.

Ich wünsche mir, daß es ihr gutgeht, daß ich nicht mehr die Verantwortung tragen muß für ihr Leben. Sie hat es jahrelang von mir gefordert, und ich habe es getan.

Die Signale, die sie mir gibt, weisen darauf hin, daß unsere Trennung problemlos über die Bühne gehen könnte. Sie fängt wieder an, auf ihr Äußeres zu achten, sie kauft sich Kleider, hat abgenommen ...

Vielleicht stelle ich in ein paar Jahren fest, daß Elvira ohnehin die Richtige ist – und heirate sie wieder. Jetzt brauche ich einen Schlußstrich unter diesem Kapitel. Dann kann ich wieder ganz anders auf sie zugehen. Wenn sie mich nicht mehr umklammert, kann ich erkennen, wie liebenswert sie ist.

Bei meiner nächsten Partnerin muß ich von vornherein

darauf achten, daß wir in wichtigen Dingen nicht zu verschieden sind. Ich muß versuchen, Regeln aufzustellen. Vor allem weiß ich eines: daß ich – wie viele Männer – mich sehr nach außen orientiere, aus Angst vor dem Erdrücktwerden, vor dem Umklammertsein. Wenn eine Frau dafür Verständnis hat, kann ich mich vielleicht auch einmal fallenlassen ...

Aus der Kindheit

Ich kenne die Geschichte nur aus Erzählungen. Ich war sechs Monate alt und lag auf dem Wickeltisch. Meine Mutter hat sich mit mir beschäftigt, und als sie nach meiner Schwester sehen wollte, war die verschwunden. Das Gartentor stand offen, Judith war hinausgelaufen und ist im See ertrunken. Sie war zwei Jahre alt. Ich hatte nie den Eindruck, daß meine Mutter mir ihren Tod zum Vorwurf macht. Nach mir wurden noch zwei Kinder geboren. Mein Bruder Franz und meine Schwester Gertrud.

Mein Bruder ist drei Jahre jünger als ich. Er war furchtbar jähzornig. Wenn etwas nicht nach seinem Willen ging, hat er so lang geschrien, bis er ganz blau war. Mutter mußte ihn oft mit dem Kopf unters kalte Wasser halten.

Als Gertrud zur Welt kam, war ich zwölf. Ich habe sie gerne spazierengefahren, sie war fast wie ein Spielzeug für mich.

Die Beziehung zu meinen Geschwistern ist heute schwierig. Mit meiner Schwester geht es, weil wir uns beide sehr bemühen. An Franz komme ich nicht heran. Er zieht sich immer gleich zurück.

Meine Kindheit war im großen und ganzen glücklich. Es war Krieg, und wir lebten auf sehr beengtem Raum mit Großeltern und Verwandten. Für mich war das lustig, weil es überall offene Türen gab. Meine Eltern haben es wohl eher als bedrückend empfunden.

Ich glaube nicht, daß ich streng erzogen wurde. Wir waren Lausbuben, da ist es schon mal vorgekommen, daß Mutter im Zorn einen Kochlöffel auf unserem Hintern zerbrochen hat. Aber sie war nie ungerecht!

Strenge Rituale gab es nur bei den Mahlzeiten. Wir mußten essen, was auf den Tisch kam. Vater war der Härtere. Mutter hat hin und wieder aus Mitleid einen vollen Teller in der Küche verschwinden lassen. Das Leben in unserer Familie war genau reglementiert. Jeder hatte seinen Aufgabenbereich. Der eine mußte Kohlen aus dem Keller holen, der andere beim Abwaschen oder Staubsaugen helfen.

Mutter hat größten Wert auf Sauberkeit gelegt. Wir Kinder mußten immer duschen oder baden. Die Wohnung wurde perfekt aufgeräumt. Wir haben alle zusammen geholfen, Fußböden gebohnert, Staub gewischt. Ich habe das nie als Schikane empfunden.

Soweit ich es beurteilen kann, war die Ehe meiner Eltern harmonisch. Sex war für meine Mutter nicht wichtig. Sie haben sich ergänzt und sind relativ liebevoll miteinander umgegangen.

Meine Schwester sieht das ein wenig anders. Letztens hat sie mich daran erinnert, daß Vater sich, wenn das Familienzeremoniell des Essens beendet war, stundenlang ins Bastelzimmer zurückgezogen hat. Dort gab es eine riesengroße Eisenbahnanlage, die er jahrelang ausgebaut hat. Sein ganzes Taschengeld hat er in dieses Hobby investiert.

Mutter hat sein Gehalt verwaltet. Sie hat immer wieder darum gekämpft, daß wir mit der Schule auf Schilaufen mitfahren und an anderen Ausflügen teilnehmen konnten. So manches Mal hat sie das Familiensilber verpfändet und später wieder ausgelöst.

Ich habe zu meiner Mutter eine engere Beziehung als zu

meinem Vater. Sie hat mich manchmal in den Arm genommen und liebevoll gedrückt. Bei Vater kann ich mich an Zärtlichkeiten nicht erinnern. Er war jahrelang im Ausland. In dieser Zeit habe ich Mutter vieles abgenommen. Sie hat mich zum Christkindlmarkt geschickt, und ich habe ganz allein den Weihnachtsbaum gekauft. Ich war erst acht oder neun Jahre alt.

Mein Vater war Pilot. Ich habe ihn bewundert, er hat mich fasziniert. Ihm verdanke ich meine Liebe zur Technik. Er war genau und präzise und hat mich oft zum Flugplatz mitgenommen. Zu Hause mußte er den Bösen spielen, weil unsere Erziehung es gefordert hat. Ich habe immer gespürt, daß er das gar nicht wollte. In Wirklichkeit war er ein verständnisvoller Mann, der Schwierigkeiten hatte, auf andere zuzugehen.

Sexualität war in meiner Familie nichts Verbotenes. Ich habe meine Eltern oft nackt gesehen, und wenn Vater nicht da war, hat Mutter oft aus dem Badezimmer gerufen: »Erich, komm, wasch mir den Rücken.«

Es gibt nur ein Problem, an das ich mich aus meiner Kindheit erinnern kann: In der Schule war ich ein fauler Hund, der das Abitur nicht geschafft hat. So wie mein Bruder auch. Das war nicht einfach für meine Eltern. Sie hatten einen Ehrgeiz, den wir Kinder nicht erfüllen konnten ...

Die unsichtbaren Mitspieler

Elvira

Elvira ist gefangen. So wie viele von uns hat auch sie scheinbar keine andere Wahl: Sie wiederholt die Geschichte ihrer
Familie, oder lebt das Gegenteil.

- Ihre Mutter wählt sich einen Mann, gegen den Willen der
  Eltern, und wird unglücklich.
  Elvira überläßt die Wahl ihres Mannes der Mutter. Und
  wird ebenfalls unglücklich.
- Ihre Mutter heiratet einen schönen Mann.
  Elvira heiratet einen Mann, der für sie unattraktiv ist.
- Ihre Eltern sind sehr unterschiedlich in ihren Interessen.
  Elvira und ihr Mann gehen ebenfalls verschiedene Wege.
- Ihre Mutter wird in der Ehe dick.
  Auch Elvira wird nach ihrer Heirat übergewichtig.
- Ihre Mutter läßt sich scheiden, bleibt aber in der Nähe
  ihres Mannes und zieht in ein Haus schräg gegenüber.
  Elvira trennt sich von ihrem Mann und bleibt ebenfalls in
  seiner Nähe, indem sie sich eine Wohnung schräg gegen-
  über nimmt.

Elviras Eltern sind mit anderen Menschen beschäftigt, das
Gasthaus erfordert ihre Anwesenheit. Das Kind wird allein

gelassen und im Dunkeln eingesperrt. »Ich habe meine Mutter jeden Abend angefleht: Bleib da, geh nicht weg von mir. Sie hat sich an mein Bett gesetzt und versprochen, daß sie bleibt. Ich habe genau gewußt, daß sie lügt und diese Lüge täglich wiederholt.«

Elviras Vertrauen ist zerstört. Was bleibt, ist der Wunsch nach Geborgenheit. Doch die Verletzung durch die Lüge ist so groß, daß sie nun nicht mehr wagt, sich auf einen Menschen zu verlassen. »Nie wieder abhängig« ist ihre unbewußte Devise. Und so weiß Elvira schon als junge Frau genau, was sie will: Eine Ausbildung, eine Wohnung, ein Auto – ein Mann ist nicht wichtig. Was zählt, ist Unabhängigkeit.

Elviras Heirat ist Ausdruck ihrer Ambivalenz. Sie sehnt sich nach Geborgenheit, wählt aber einen Mann, den sie nicht liebt und der Schwierigkeiten hat, Gefühle zuzulassen. Damit ist für sie die Gefahr gebannt, »daß die Gedanken nur noch um das eine kreisen: Warum kommt er nicht, warum ruft er nicht an ...?« Sie tut alles, um das schmerzhafte Gefühl aus ihrer Kindheit zu vermeiden, allein und verlassen zu sein.

Und es passiert doch: »Wir hatten nur ein Auto. Ich konnte nichts unternehmen. Ich stand am Fenster und sah hinunter in den Park. Da saßen auf den Bänken Liebespaare, und ich war hier oben allein ...« Die Beschreibung ihrer Ehe erinnert an das hilflose Kind, das im zweiten Stock eingesperrt war, während unten im Gasthaus das Leben pulsierte.

Elvira wird manisch-depressiv und damit erst recht abhängig – von Medikamenten. Erich fühlt sich an sie gebunden: Krankheit – ein mächtiges Mittel, um nicht verlassen zu werden.

In ihrer Beziehung zu Erich wiederholt Elvira noch eine andere Erfahrung aus ihrer Kindheit: Ehen sind schrecklich.

»Ich hatte immer Angst, mich zu verlieben. Es war für

mich gleichbedeutend mit sich verlieren«, sagt sie als Erwachsene. Elvira wächst in einer Frauengemeinschaft auf, in der Männer schlechtgemacht werden. Durch den Klatsch von Mutter und Großmutter gelangt sie zu der tiefen Überzeugung, daß alle Männer ihre Frauen betrügen, schlagen oder das Geld versaufen: »Für mich war klar: Es gibt keine intakten Familien.«

Und noch etwas ist für sie unbestritten: Frauen müssen durch Männer leiden und geben sich auf. Davor gibt es kein Entkommen. Wer den Mut hat, sich scheiden zu lassen, wird bestraft und wie eine Ware, die nicht gefällt, zurückgeschickt. Frauen haben keinen Wert. Männer sind schuld daran.

Ihren Vater spricht Elvira von jeder Verantwortung frei. Für sie ist er ein »liebenswerter Schlingel«. Doch auch ihm kann sie nicht vertrauen.

Auch die Mutter wird von ihr verteidigt, obwohl sie Elvira allein im Dunkeln läßt, sie belügt, willkürlich schlägt ... »Meine Mutter war eine warmherzige Frau.«

Von den Eltern wird Elvira dressiert und vorgeführt. Sie sind nur dann stolz auf sie, wenn sie etwas Besonderes leistet. Eine Kränkung für das Kind, das geliebt werden will, ohne dafür etwas tun zu müssen. In der Beziehung zu Erich wiederholt sich das Thema.

Erich

»Meine Kindheit war im großen und ganzen glücklich.«

Erich muß mit einem schweren Schicksal fertig werden. Seine Schwester ertrinkt im See, während er gewickelt wird. Erich ist sechs Monate alt. Die Mutter hat ihm später erzählt, daß sie vor Schmerz fast verrückt geworden ist und sich ein halbes Jahr nicht um ihn kümmern konnte: »Ihre Milch blieb weg. Ich wurde krank und wäre fast gestorben.«

Die Mutter, die ihn an die Brust gelegt, ihn gewärmt und gestreichelt hat, ist plötzlich weg. Das Baby fühlt sich total isoliert. Vermutlich kann es diesen Schock nur überleben, indem es seine Gefühle abschaltet. Erich spürt diesen furchtbaren Schmerz nicht – und überlebt dank dieser Strategie.

Von nun an versucht er unbewußt, seine Erinnerungen zu filtern und sagt über das traumatische Erlebnis: »Es hatte keinen Einfluß auf mich.« Und doch scheint es, daß er seine Gefühle immer wieder ausblenden muß: »Es war zwar Krieg, wir lebten auf sehr beengtem Raum mit Großeltern und Verwandten zusammen, doch für mich war das lustig . . .«

Zu Hause herrscht nicht nur bei Tisch ein hartes Regime. Er muß essen, was auf den Tisch kommt, auf seinem Hintern werden Kochlöffel zerbrochen, wer laut ist, wird mit dem Kopf ins kalte Wasser gesteckt . . . Und trotzdem glaubt Erich nicht, daß er streng erzogen wurde.

Die Ehe der Eltern erlebt er als harmonisch, obwohl der Vater kaum da ist und sich hauptsächlich für seinen Beruf und die Modelleisenbahn interessiert.

Auch Sexualität sei in seiner Familie nichts Verbotenes gewesen, sagt Erich und meint, daß auch hier alles normal war.

Er übersieht dabei, daß seine Mutter gar kein Interesse an Sex hatte.

Für Erich erscheint es ganz wichtig, daß alles harmonisch abläuft. Das einzige Problem, das er sich eingesteht, sind seine mangelnden Leistungen: »In der Schule war ich ein fauler Hund.«

Er ist der Brave, der Angepaßte, der seine Mutter unterstützt und schon als zehnjähriges Kind Pflichten des Vaters übernimmt: »Er war jahrelang im Ausland. In dieser Zeit habe ich Mutter vieles abgenommen.«

Wenn er von seiner Schwester erzählt, klingt er wie ein stolzer Vater. Wenn die Mutter badet, übernimmt Erich die Rolle des Partners und schrubbt ihr den Rücken.

»Ich habe zu meiner Mutter eine engere Beziehung als zu meinem Vater. Sie hat mich manchmal in den Arm genommen und liebevoll gedrückt.«

Das erschütternde Erlebnis des Todes seiner Schwester verbindet Erich stark mit seiner Mutter. Vielleicht fühlen sie sich unbewußt gemeinsam schuldig. Die Mutter, weil sie nicht auf ihre Tochter geachtet hat, Erich, weil ihre Zuwendung ihm gegolten hat: Wenn sie mich nicht gewickelt hätte . . . Gleichzeitig wird er durch den Verlust der Erstgeborenen zum Ältesten. Er hat nun einen anderen Stellenwert in der Familie als seine Geschwister. Die Beziehung zu ihnen ist gestört.

Erich mußte viel zu früh Verantwortung übernehmen. Er steht ständig unter Druck. Sein Vater ist streng, seine Mutter legt größten Wert auf Sauberkeit. Die Wohnung muß immer perfekt aufgeräumt sein. »Sie hatten einen gewissen Ehrgeiz, den wir Kinder nicht erfüllen konnten . . .«

Die strenge Ordnung, die in seiner Familie Gefühle ersetzt hat, ist für Erich auch heute noch das Wichtigste im Leben.

Das Paar

Elvira und Erich bringen aus ihrer Kindheit ein Startkapital mit, daß es ihnen schwermacht, miteinander zu leben.

Elvira:

Ehen sind furchtbar. Es gibt keine intakten Familien. Ordnung bedeutet Dressur. Männer sind an allem schuld. Nie wieder jemandem vertrauen!

Erich:

Ehen funktionieren, wenn jeder sich an die Regeln hält. Ordnung ist das Wichtigste im Leben. Wenn etwas passiert, bin ich schuld. Gefühle sind gefährlich!

Die Ehe kommt hauptsächlich durch die Initiative der Mutter zustande. Sie prüft Erich auf seine Tauglichkeit und nimmt ihn in die Familie auf: »Nach einer Weile hat meine Mutter für ihn Hausschuhe gekauft . . .« Elvira glaubt: ». . . er hat weniger mich gesucht als die warmherzige Atmosphäre bei uns zu Hause.« Als die Mutter eine Wohnung für die beiden findet, gibt es kein Zurück. Sie heiraten. Erich verdrängt die Kränkung, daß nicht Elvira ihn wählt, daß sie seiner Werbung gleichgültig gegenübersteht: »Er war so hartnäckig und war mir so egal.« Elvira verletzt sich selbst. Sie heiratet einen Mann, der ihr nicht einmal wichtig ist.

Aber noch ist Erich glücklich mit seiner jungen Frau: »Sie hat gut mitgezogen in den ersten Jahren.« Sein Programm scheint sich zu bestätigen: Die Frau im Haus, der Mann im Beruf – wenn jeder seinen Beitrag leistet, geht alles gut.

In Elvira läuft inzwischen ihr unbewußtes Programm ab: Ehen sind furchtbar. »So hatte ich mir mein Leben nicht vorgestellt.« Erich ist weg, sie bleibt mit der Hausarbeit zurück. Aber nach außen funktioniert sie noch: Sie bekommt ein Kind und wundert sich selbst über ihre disziplinierte Einteilung. »Ich habe brav mitgespielt.«

Aber nicht lange.

Elvira wird manisch-depressiv. Jetzt muß sie endlich nicht mehr nach Erichs Regeln funktionieren. Erich, den sein Schuldthema aus der Kindheit begleitet, fühlt sich verpflichtet, bei ihr zu bleiben. Seine Frau beschimpft ihn, aber er nimmt sie nicht ernst.

Kaum ist Elviras »Riesengewitter« vorbei, möchte sie mit Erich ins Bett. Gewöhnt, Harmonie um jeden Preis aufrechtzuerhalten, fügt er sich: »Ich habe oft nur mit ihr geschlafen, damit ich meine Ruhe hatte, damit die Wogen geglättet waren.«

Elviras »übertriebener Wunsch nach Nähe« ist eine Bedrohung für ihn. Mit seinen Gefühlen wenig vertraut, sträuben sich ihm manchmal die Nackenhaare, wenn sie ihn berührt. Das Risiko ist groß, durch Berührung auch an seine schmerzlichen Gefühle zu gelangen.

Elvira wünscht sich Geborgenheit. Doch auch ihr fehlt das Vertrauen, sich wirklich zu öffnen. Und so bleibt ihre Sehnsucht nach Nähe und Zärtlichkeit unerfüllt.

Die Beziehung der beiden wird immer schwieriger. Erich wiederholt die Geschichte seines Vaters und flüchtet: in sein Arbeitszimmer an den Computer, in seine Firma nach Südfrankreich.

Elvira atmet auf, wenn er weg ist: »Er bringt eine Starrheit in mein Leben, die gegen meinen Rhythmus ist. Wenn er verreist ist, dann esse ich ganz anders, dann lebe ich ganz anders.« Für sie ist Erich der Schulmeister, der sie kleinmacht und verachtet. Sie hat als »dressiertes Kind« genug von Perfektion und Drill und boykottiert unbewußt seine Ordnung. Erich ist frustriert.

Ein Austragungsort ihrer verschiedenen Prinzipien ist der Wäscheschrank:

»Ich möchte zwei Überzüge, zwei Kopfkissen und ein Laken nehmen, ohne mich mühsam durchzuwühlen.« Ordnung ist das Wichtigste im Leben.

»Ich lege sie nach dem Bügeln in den Wäscheschrank – wo eben Platz ist. Bettwäsche zu Bettwäsche, aber doch nicht zusätzlich geordnet nach Laken und Überzügen.« Ordnung ist Dressur.

Für Elvira bestätigt sich, daß Ehen furchtbar sind.

Und trotzdem kann sie sich nicht scheiden lassen: »Scheidung ist für mich ein schreckliches Wort. Die Trennung meiner Eltern war eine Schande, die mich als Kind geprägt hat.«

Erich trennt sich von Elvira, weil der Laden nicht weiter-läuft. Für die nächste Beziehung plant er, noch mehr Regeln aufzustellen.

Elvira, zum erstenmal nach vielen Jahren in der Lage, sie selbst zu sein, sagt: »Ich mag Erich mehr denn je.«

Wege zur Heilung

Die vorübergehende Trennung ist für Elvira und Erich eine Chance, sich vielleicht eines Tages als Paar zu begegnen. Dazu ist es wichtig, daß sie sich ihrer inneren Programme bewußt werden.

Erich braucht die Einsicht, daß er sich seit jenem schreck-lichen Unglück in seiner Kindheit isoliert und nicht ange-nommen fühlt. Er könnte sich dann dafür entscheiden, sich dem Schmerz von damals zu nähern, um seine Gefühlsblok-kade langsam zu lösen. Elvira könnte ihn, wenn sie wieder zusammenkommen wollen, darin unterstützen, indem sie den Schritt nachholt, den sie bis jetzt noch nicht getan hat: Erich als ihren Mann annehmen.

Erich muß sich auch klarwerden, daß er versucht, alles in einem harmonischen Licht zu sehen. Wenn er seine Gefühle wieder spüren kann, gelingt es ihm vielleicht auch, das Le-ben realistischer zu sehen.

Ein neues Programm, Liebe statt Ordnung, wäre für ihn und Elvira heilsam. Für sie ist es verletzend, daß er an ihr herumerzieht. Sie braucht von Erich Achtung und Respekt für ihre Art und Weise, Dinge zu tun. Vielleicht kann sie dann ihren Boykott gegen seine Ordnung aufgeben und sie in ei-nem gesunden Maß genießen.

Elvira braucht wieder das Vertrauen, daß jemand sie un-terstützt und für sie da ist, damit es ihr möglich wird, Zuwen-dung tatsächlich anzunehmen.

Sie braucht aber auch die Einsicht, daß sie unbewußt selbst viel dazu beiträgt, daß Ehen wirklich schrecklich werden. Sie müßte sich und ihrem Partner die Chance geben zu erfahren, daß sich ihre Kindheitserlebnisse nicht zwangsläufig wiederholen müssen. Erich könnte sie darin unterstützen, indem er aufhört, vor ihr davonzulaufen.

Beide suchen unbewußt im Partner immer noch nach ihren Eltern: Elvira nach dem charmanten Vater, Erich nach seiner ordentlichen Mutter. Trennen sich beide von den unsichtbaren Bindungen an ihre gegengeschlechtlichen Elternteile, haben sie die Möglichkeit, einander Mann und Frau zu sein.

»Ich kann das Bild der Heiligen und der Hure nicht verbinden.«

Philipp, 47 Jahre alt

Als ich ihn wiedersehe am winterlichen Ufer des Bodensees, wärmt er mein Herz. Die Jahre seit unserer letzten Begegnung haben sich nicht zwischen uns gestellt. Er ist noch immer Philipp mit dem warmen Lächeln und den sanften Augen, die so viel Nähe und Zärtlichkeit versprechen: Er sagt noch immer: »Du bist eine schöne, starke Frau.« Ich weiß, daß er das gern zu Frauen sagt, solange sie nichts von ihm wollen.

Mit hochgestelltem Kragen stehen wir am Wasser und sehen den Möwen zu, die um das Brot der wenigen Touristen kämpfen.

Drei Frauen (oder waren es vier?) hat er mir in den letzten Jahren auf Postkarten und in Briefen als große Liebe angekündigt, mich teilhaben lassen am jeweiligen Glück und seinem Ende.

»Eine Hafenmauer aus sicheren Steinen. Draußen das Meer. Der Hafen ist mein Rückhalt, meine Basis. Dort will ich meine Sinnlichkeit leben. Einander halten in Zärtlichkeit. Einander lassen in Freiheit. Und immer wieder ins offene Meer schwimmen.«

Warum kann ein Mann, so liebenswert und schön, die Partnerin fürs Leben nicht finden? Was sind das für

139

Frauen, die er geliebt und doch verlassen hat? Gibt es ein
Muster, das man in seinen Beziehungen erkennen kann?
Fragen an Philipp – und an seine Freundinnen.
   »Du willst die Lieben meiner letzten Jahre kennenlernen?
Das ist nicht möglich. Entweder sind sie innerlich so weit
weg von mir, daß die Verbindung abgerissen ist, oder so
schmerzlich nah, daß es noch nichts zu sagen gibt – oder so
neu und unerforscht, daß jedes Wort zuviel sein könnte . . .«

Die Partnerinnen, die ich mir ausgesucht habe, waren arbeitsam, seriös, intelligent, diszipliniert und alles andere als erotisch. Sie haben wunderbar zu Mutters Vorstellungen gepaßt:
Kategorie Nonne. Die Kategorie Hure habe ich woanders
gesucht. In Nebenbeziehungen. Dort fand ich die mystischen, verführerischen, sinnlichen Frauen. Frauen, die sich
genüßlich im Bett räkeln und spät aus den Federn kriechen.
Wenn ich einer von ihnen begegnet bin – irgendwo in der
Stadt –, vollbusig, mit dunklen Augen und schwarzen Haaren, dann war ich ihr sofort verfallen und mußte hinterher.
Ich wollte an ihren Busen langen, gehalten werden, Nähe
spüren. Das ist mir drei- oder viermal im Jahr passiert. Leben
wollte ich mit keiner von denen. Ich habe schon als Kind
gedacht, daß Sex etwas Gemeines ist.
   Ich habe nicht überprüft, ob diese Frauen, die meine Sehnsucht weckten, wirklich erotisch sind. Ich wußte: Wenn sie
diese schönen Augen haben, das dunkle Haar und einen
großen Busen – dann sind sie es. Ich bin oft in Beziehungen
hineingesprungen und habe zu spät bemerkt, daß diese
Frauen alles hatten, nur kein Verlangen nach Zärtlichkeit
und Sex.
   In meinen Hauptbeziehungen gab es wenig Nähe. Im Gegenteil. Es gab ganz klare Absprachen über Grenzen: Körperlichkeit nein. Wir haben uns ausgetauscht, wir haben uns
unterstützt, wir haben einander verstanden. Wir haben

miteinander gelebt – aber im Bett gab es nur Schwierigkeiten.

Vor ein paar Monaten war meine unerfüllte Sehnsucht nach Nähe wieder besonders stark. Ich bin mit einer Frau an einen wunderschönen Platz gefahren. Am ersten Tag haben wir uns geliebt, hingebungsvoll und zärtlich. Am zweiten Tag ging die Frau – grundlos – plötzlich auf Distanz, von einem Moment zum anderen. Ich konnte es kaum ertragen. Mir wurde klar, daß ich die Situation aus meiner Kindheit kenne. Meine Mutter war schön und distanziert. Ich hätte mir so gewünscht, an ihrem Busen zu liegen.

Wenn ich an meine Beziehungen denke, dann merke ich, daß die Suche nach Nähe und Zärtlichkeit immer mein Hauptthema war. Ich wollte mich nie auf eine Frau ganz fixieren. Oft hatte ich mehrere nebeneinander – nach dem Motto: Wenn mir eine Frau die Liebe verweigert, dann gibt es immer noch drei andere. Es war wie eine Sucht.

Ich bin den Frauen, die sich getraut haben, ihre Gefühle zu zeigen, immer weggelaufen. Bei starken Frauen, da hatte ich Angst, den Anforderungen nicht zu genügen. Für mich war das Gefühl wichtig, die Frauen im Griff zu haben und zu dominieren. Dann fühlte ich mich sicher.

Seit ich das weiß, bin ich in Therapie. Mein Therapeut hat mich aufgefordert, eine Grafik über die Dauer meiner Frauenbeziehungen zu erstellen. Ich bin Architekt. Ich habe mich also hingesetzt und das wunderschön aufgezeichnet. Was dabei herauskam, war spannend, aber nicht angenehm.

Die erste Linie ging noch über elf Jahre. Dann waren es fünfeinhalb. Und von da an wurden die Abstände immer kürzer: sechs Monate, drei Monate, zwei Monate . . .

Wieviel Zeit und Energie habe ich in Suchen investiert!

Inzwischen erkenne ich, daß ich immer nach dem gleichen Strickmuster lebe. Zuerst kommt eine verrückte Phase mit Zärtlichkeit, mit Reisen, vielen Unternehmungen, mit Euphorie. Solange es schön luftig und leicht ist, geht alles gut. Aber wenn es ernst wird, wenn die Leidenschaft verblaßt und der Alltag kommt, dann kann ich damit nicht umgehen.

Das Wort Konflikt existiert für mich nicht. Ich habe die Tendenz, immer nur eine Seite zu sehen: den Sonnenschein, die Wärme. Daß auch Regen und Kälte zum Leben gehören – kann ich nur schwer akzeptieren. Ich habe von zu Hause mitbekommen, daß das Wichtigste im Leben die Harmonie ist. Darauf habe ich alle meine Beziehungen aufgebaut. Die Frauen, die ich mir ausgesucht habe, waren nicht streitsüchtig und selbst darauf bedacht, Konflikte zu vermeiden. Aber irgendwann – oft erst nach Jahren – wurden sie rasend, weil ich alles übertüncht habe. Wenn eine ausgeflippt und laut geworden ist, war ich total verloren und konnte überhaupt nicht damit umgehen. Wenn sie mich anschrie und mir vorwarf, daß ich in Wirklichkeit auch wütend sei, habe ich gesagt: »Wovon redest du? Ich wütend?« Ich habe es nicht einmal bemerkt! Ich hatte keine Ahnung, was sie damit meinten, wenn sie sagten: Du läßt wieder deinen Rolladen herunter! Tu endlich deine Maske weg!

Den meisten Frauen bin ich weggelaufen, wenn es schwierig wurde. Ich habe mich oft genug aus dem Staub gemacht.

Ich bin jetzt siebenundvierzig und suche seit Jahren nach einer Lebensform, die sich für mich eignet. Wir waren zu Hause in unserem Landgasthaus eine große Gemeinschaft: die Eltern, die Serviererinnen, die Kinder. Vielleicht ist das die Wohnform der Zukunft – weg von der Kleinfamilie ...

Dann sah ich eine Chance: »Zwei Frauen mit schönem, altem Haus und Garten suchen zwei Männer, die bewußt mit ihnen leben wollen. Keine Beziehungskiste!« Das Inserat in der Zeitung hat mich sofort fasziniert.

Endlich eine Möglichkeit, ohne die Schwierigkeiten einer Paarbeziehung mit Frauen zu leben! Hanna und Maria schienen mir gut geeignet. Keine hatte schwarze Haare oder einen großen Busen, keine diese verführerischen, mystischen Augen. Ich fühlte mich sicher.

Wir haben das Haus im Sommer bezogen. Zuerst ich allein. Ich schlief mit meiner Katze auf der Baustelle. Es gab viel zu tun. Wenige Tage später kam Hanna nach. Am Tag haben wir gestrichen und gegipst, in der Nacht lagen wir nebeneinander auf Matratzen. Es gab nur einen Raum, der schon bewohnbar war. Wir kamen uns immer näher. Umarmungen, Zärtlichkeiten – Hanna war so stürmisch und ich nach meinen vielen Trennungen so liebesbedürftig ...

Vierzehn Tage später kam Maria von ihrem Urlaub zurück. Es gab einen Riesenkrach. Sie war wütend, als sie erfuhr, daß wir ein Paar sind. Sie fühlte sich betrogen. Für sie war die Vereinbarung gebrochen.

Das Leben wurde ziemlich schwierig. Valentin, der zweite Mann in unserer Wohngemeinschaft, war selten da. Maria fühlte sich ausgeschlossen durch unsere Beziehung und hat mich gemieden. Ich bin immer als erster aufgestanden und habe für die beiden Frauen Tee gekocht – Maria konnte nie auch nur danke sagen.

Hanna und ich hatten einen wunderbaren Sommer, aber dann war es vorbei. Euphorie – Absturz in den Alltag. Ich habe gespürt, es ist gelebt, die Faszination zu Ende. Wir stehen an verschiedenen Plätzen – als ob sich ein Riegel zwischen uns geschoben hätte. Die Trennung war kalt. Ich habe ihr sehr weh getan und von einer auf die andere Sekunde Schluß gemacht. Maria blieb weiter cool. Irgendwann, Monate später, lag sie mit Menstruationsschmerzen auf der Couch. Ich habe mich zu ihr gesetzt und meine Hand auf ihren Bauch gelegt. Da habe ich plötzlich mehr gespürt als Freundschaft.

Ich schlafe noch nicht mit Maria. Wir gehen gemeinsam ins Bett, wir küssen und streicheln uns. Ich bin vorsichtig. Erst wenn die Verliebtheit weg ist, zeigt sich, ob eine Beziehung hält. In letzter Zeit merke ich, wie wichtig eine spirituelle Ausrichtung ist. Wir haben dieselben geistigen Ziele, wir können gut miteinander meditieren.

In meiner Wohngemeinschaft lerne ich zum erstenmal, mich richtig mit Konflikten auseinanderzusetzen. Ich konfrontiere mich mit Hannas Zorn und ihrem Schmerz. In meinen früheren Beziehungen habe ich es so gemacht wie zu Hause: Ich bin einfach weggeblieben, wenn es Probleme gab. Bin in eine Kneipe gegangen und habe gewartet, bis die Eltern schliefen. Am nächsten Tag war alles unter den Teppich gekehrt.

Jetzt freue ich mich, wenn ich am Abend in die Wohngemeinschaft komme – auch wenn es Konflikte gibt. Je mehr ich verstehe, daß zum Großen das Kleine und zur Fülle die Leere gehört, desto mehr Spaß macht es mir, auch meine Schattenseiten zu sehen. Auf den Tisch damit und wieder weg, wenn es geklärt ist!

Ich übernehme meinen Teil der Verantwortung für das, was geschehen ist. Aber Hannas Schmerz – ihr Gefühl, nicht dazuzugehören – ist etwas, das sie schon aus ihrer Kindheit mitbringt. Sie fühlte sich immer allein und ausgeschlossen.

So wie Maria auch.

Ich habe meinen Wert immer an meinen Beziehungen gemessen. Wenn sie gut waren, war ich auch gut, wenn sie zu Bruch gingen, ging auch ich zu Bruch. Jetzt lerne ich zum erstenmal, daß ich selbst mein Zentrum bin, daß ich mich auf meinen Weg verlassen kann. Auch wenn eine Beziehung auf wackeligen Füßen steht – der Himmel ist immer für mich da. Frauen, Beruf und Freunde sind eine wunderbare Ergänzung, aber nicht mein Mittelpunkt.

Ich kann endlich dazu stehen, daß ich ein gutaussehender Mann bin, mit schönen Augen und viel Einfühlungsvermögen. Früher habe ich dieses Geschenk benützt, um Frauen zu

144

verführen, um mich zu bestätigen. Heute möchte ich aus einer Beziehung lernen und mich entwickeln. Ich will keine Räume mehr betreten, die ich nicht füllen kann, kein Dieb mehr sein, der sich nimmt, was ihm nicht gehört.

Ich bin ein Mann, auf den die Frauen zugehen. Ich habe immer klar gesagt, was ich geben kann und was nicht, ihnen einen Vertrag mit meinen Wünschen vorgelegt. Der erste Punkt lautete: Ich will mit dir ein Stück des Weges gehen, aber ich will nicht mit dir zusammenleben. Der zweite: Ich will frei sein für Außenbeziehungen . . . – Totale Kopflastigkeit! Ich dachte, das würde genügen. Ich habe mich nie darum gekümmert, wie sehr die Frauen sich trotzdem eingelassen haben. Es tut mir noch heute weh, wenn ich an Sybille denke.

Es war bei einem Workshop in der Toskana. Sie war so wunderschön und in mich verliebt. Ich habe ihr gesagt, daß ich keine Bindung will. Sie hat gelacht: »Ich kenne dich, du willst, daß ich dich später nie mehr anrufe. Aber ich möchte trotzdem diese Zeit mit dir genießen.« Ich hätte wissen müssen, was ich auslöse in dieser Frau. Daß ich in ihr Räume fülle, die man als Gast nicht betreten darf. Als es vorbei war, habe ich ihre ganze Bitterkeit gespürt. Sie wollte mit mir weitergehen, und ich habe mich verweigert.

Ich konnte Nähe immer nur mit angezogener Handbremse zulassen. Jetzt, in meiner Wohngemeinschaft, merke ich, daß sich Nähe schrittweise, auf eine natürliche Art entwickelt.

Ich bin gelassener, nicht mehr so fixiert auf Frauen. Nicht mehr so abhängig von Anerkennung und Bestätigung.

Wenn ich einer mit dunklen Augen, schwarzen Haaren und einem großen Busen begegne, kann ich vorbeigehen und muß die Blume nicht mehr pflücken. Das erleichtert mich. Ich habe mich früher so oft selbst erniedrigt, mich angebiedert – furchtbar!

Manchmal setzt Maria sich neben mich, wenn ich meditiere. Das ist schön. Aber dann sehe ich sie nackt im Bad, spüre ihre Erotik und erschrecke. Ich kann das Bild der Heiligen und der Hure nicht verbinden. Mit ihr lerne ich vielleicht, daß beides in einer Frau Platz haben kann.

Aus der Kindheit

Ich bin in einem wunderschönen Landgasthaus aufgewachsen. An allen Wänden stand unsichtbar das Wort Harmonie geschrieben. Meine Eltern haben nie gestritten. Meine Mutter hat gesagt: »Laute Worte gibt es bei uns nicht.« Mein Vater hat sich ihr angepaßt, obwohl es nicht seinem Naturell entsprach. Wir Kinder wurden danach erzogen: Ruhig sein, liebenswürdig sein – der Gast ist König. Das Image des Hauses war das Wichtigste. Natürlich gab es auch Konflikte, aber die wurden nie ausgetragen.

Manchmal habe ich als Kind gespürt, daß unterschwellig etwas ablief, aber es ist dann irgendwo versandet. Auseinandersetzungen gab es nicht, und wenn sie unvermeidbar schienen, wurden sie liebevoll übertüncht.

Ich habe mein ganzes Leben lang nie gestritten und schon als Kind gelernt, daß es sich nicht schickt. Ich war der Feine, Zarte, Jüngere, ich gehörte der Mutter. Irgendwann habe ich gemerkt, daß ich mit dieser sanften, liebevollen, einfühlsamen Art gut durchs Leben komme. Das war meine Masche, und ich habe sie oft genutzt.

Mein älterer Bruder gehörte dem Vater. Er konnte laut sein, streiten, seine Fäuste gebrauchen . . . Es war zwischen den Eltern völlig klar, wer zu wem gehörte. Sie haben im Spaß oft gesagt: »Dein Sohn hat schon wieder . . .«

Wenn ich nicht folgsam war, hat meine Mutter mir ihre Liebe entzogen und mich mit Blicken gestraft. Es gab keinen offenen Austausch, in dem ich reagieren oder mich hätte wehren können. Sie hat alles abgeblockt. Mein Vater hat mich immer in Schutz genommen. Sogar als ich mit vierzehn unerlaubt mit seinem Auto weggefahren bin.

Körperliche Nähe zwischen Eltern und Kindern gab es kaum. Manchmal bin ich im Bett meiner Mutter gesessen und habe zugesehen, wie sie in einem weißen Büstenhalter vor dem Spiegel stand und sich ihr langes braunes Haar gebürstet hat. Sie war so schön, aber so distanziert.

Zärtlichkeiten gab es für mich nur von unseren Serviererinnen. Aber ich wußte, daß es verboten ist, daß ich es beichten muß.

Mit ihnen durfte ich manchmal im Bett kuscheln. Sie haben mich geküßt, gestreichelt und mir Wärme und Nähe gegeben.

Die Mutter war sehr distanziert, aber irgendwie war ich trotzdem ihr kleiner Mann. Später, als ich mit Frauen nach Hause kam, habe ich gemerkt, daß sie keine von denen mochte.

Sie waren ihre Konkurrentinnen, besonders nach dem Tod meines Vaters.

Bei seinem Begräbnis bin ich nach der Predigt auf die Kanzel gestiegen und habe ihm eine Liebeserklärung gemacht. Ich habe gesagt, daß ich ihn und meine Mutter immer als Liebespaar gesehen habe. Daß ich beeindruckt bin, mit welcher Achtung sie miteinander umgegangen sind.

Aber ich denke, Sex gab es in ihrer Ehe nur zweimal: als sie meinen Bruder und mich gezeugt haben.

PS:
Brief von Philipp an die Autorin – fünf Monate nach dem Interview.

Meine Liebe,
ich bin mit Maria im Frühling aus der Wohngemeinschaft ausgezogen. Wir leben jetzt wie Bruder und Schwester, mit

wunderschöner Zärtlichkeit. Maria ist eine tolle Frau. Und trotzdem frage ich mich: wieder keine Seelenverwandtschaft? Wieder Angst, in einer Beziehung zu ersticken, Angst, meine Freiheit zu verlieren? Ich glaube, der wahre Grund liegt tiefer. Es geht um die Auseinandersetzung mit Leben, Tod und Sinnhaftigkeit.

Ich muß akzeptieren, daß zwei Wahrheiten in mir sind. Mein Kopf will, daß ich so lebe, wie meine Mutter es für richtig hält: treu, nur mit einer Frau . . . Mein Bauch aber sagt mir, daß ich mehrere Frauen brauche. Daß es mir angst macht, mich einzulassen. Daß ich oft lieber allein bin als zu zweit, daß meine Arbeit mich mehr fasziniert als eine Beziehung.

Mit Maria lerne ich, dazu zu stehen, wie ich wirklich bin. Ich lege alle Masken ab und versuche so zu leben, wie es meinem Wachstum am besten entspricht.

Herzlichst, Dein Philipp

Vier Monate später:

Meine Liebe,
es war abends auf einer Heimfahrt vom Büro, als ich hörte, wie die göttliche Regie mir zuflüsterte: »Philipp, zwanzig Jahre lang hast du viel Zeit in Beziehungen mit Frauen investiert. Viel Energie, Geld und Gefühle.« Und plötzlich wurde mir klar, um was es für mich wirklich geht: Es geht um den Liebesstrom, der frei und ungehindert aus meinem Herzen fließen soll.

Es ging in meinem Leben immer um dieses ewige »Liebst du mich noch?« Es ging immer um Eifersucht, Abgrenzung und Eigentum. Maria, Hanna und alle anderen vor ihnen haben stets von dir gefordert, ihren Wünschen, Hoffnungen und Ansprüchen zu genügen.

Jetzt will ich meine Talente, meine Kraft und meine Kreativität, meine Liebe, meine Einmaligkeit und mein Geld in eine bessere Welt investieren.

Verstehe mich nicht falsch: Ich liebe die Frauen noch immer. Was ich nie wieder will, sind diese ewigen Kämpfe und Diskussionen, die mich erschöpfen und mir meine Stärke nehmen für das Größere.

Herzlichst, Dein Philipp

Ich frage Maria, die nicht mehr »so neu und unerforscht« ist, und Hanna, die nicht mehr »so schmerzlich nah« ist, ob ich sie interviewen darf.

»Ich wohne mit einem Mann zusammen, der kaum mehr als ein Fremder ist . . .«

Maria, 37 Jahre alt

Am Meetingpoint des Züricher Hauptbahnhofs prüfe ich die Gesichter der vorübergehenden Frauen. Das eine ist zu hart, das andere nicht hübsch genug, das dritte zu verhärmt. Als eine zarte Frau mit langem Haar zielstrebig auf mich zugeht, schöpfe ich Hoffnung. Ja, die paßt vielleicht zu dem Mann, der gern im Himmel lebt. Doch nur kurz. Dann schiebt sie sich einen Kaugummi zwischen die Zähne und bewegt dabei den Mund so ordinär, daß ich nicht mehr frage, ob es Maria ist.

Die südländischen, rassigen Typen spare ich von meinen Beobachtungen aus. »Vollbusig, mit dunklen Augen und schwarzen Haaren« kann sie nicht sein. Philipp hat sich von Frauen, die »wirklich sinnlich und erotisch sind«, in seinen Partnerschaften immer ferngehalten.

Nach einer halben Stunde bin ich es müde, zu prüfen und geprüft zu werden. Maria ist nicht gekommen. Ich nehme meine Reisetasche und folge dem gelben Wegweiser zum Taxi.

Der Wagen setzt mich in einem Vorort ab. Sie öffnet mir die Tür und entschuldigt sich in Schwyzerdütsch: »Wir haben uns am Bahnhof verpaßt, es tut mir schrecklich leid, ich habe am falschen Gleis gewartet . . .«

151

Ich schweige und starre in ihr angespanntes Gesicht, das abweisend auf mich wirkt: blaue Augen, die sich entziehen wollen, ein schmaler Mund, der mir kein Lächeln schenkt. Maria fährt sich nervös durchs kurzgeschnittene braune Haar. Das also ist die Frau, die Philipp sich gewählt hat...

Nach einer langen Weile beginnt sie sich zu öffnen. Sie strahlt jetzt eine Ruhe aus, in der ich mich entspanne, nach all der Bahnhofshektik.

Die helle Wohnung mit den großen Fenstern ist sparsam, aber kreativ eingerichtet. Überall wunderschöne, farbenfrohe Stoffe, ein bißchen indisch, ein bißchen italienisch. Erst auf den zweiten Blick rückt die Improvisation ins Bild. Der kleine Tisch im Vorzimmer ist eine angemalte Apfelsinenkiste, im Schlafzimmer liegen die Matratzen auf Holzpaletten... Hier haben sich Menschen eingerichtet, die ihre Zahnbürste nehmen und gehen können – es gibt keinen gemeinsamen Besitz.

Auf dem Klo ein Zettel an der Wand, in Marias Schrift:

»Warum hängst du mein Bild immer wieder ab?«

Der Rahmen, nur provisorisch an die Wand gelehnt, zeigt das Foto einer Frau, die betet.

»Warum hängt er dein Bild ab?« frage ich Maria.

»Ich weiß es nicht. Wir haben so viele Differenzen. Das ist nur eine davon.«

Wenn ich auf die Beziehung mit Philipp zurückschaue, dann sehe ich Bilder, die sich aneinanderreihen. Hier ein schöner Moment, da ein schöner Moment und noch ein schöner Moment. Alles Sternstunden. Was mir fehlt, ist eine Basis, auf der man hätte aufbauen können – ein roter Faden.

Die Momente haben sich immer wieder aufgelöst oder wurden zerstört. Es hat wenig wachsen können. Ich habe lange gebraucht, bis ich verstanden habe, daß er das nicht will, daß er das gar nicht kann.

Vierzehn Tage bevor wir hier eingezogen sind – es war irgendwann im April –, hat Philipp plötzlich gesagt, daß er tief in seinem Inneren nicht mehr zu mir steht.

Es fing damit an, daß er die Nacht mit mir verbracht hat und dann stillschweigend in sein Zimmer ging. Das war gegen unsere Vereinbarung. Er hat das früher oft getan. Er ist aufgesprungen, hat gesagt, jetzt muß ich gehen, und mich allein zurückgelassen. Für mich war's jedesmal ein Schock. Ich will, daß er mich warnt. Ich brauche Zeit – wenigstens ein paar Minuten –, um mich darauf einzustellen. Ich bin am Morgen zu ihm hinüber – ziemlich verletzt durch sein Verschwinden – und habe mich beschwert, daß er nicht da war, als ich aufgewacht bin.

Am Mittag, als wir uns nach der Arbeit trafen, stand er am Bahnsteig mit Tränen in den Augen und sagte: »Ich habe heute gemerkt, daß mir das alles zu eng ist. Daß mein Ja zu dir tief in mir drin ein Nein ist.«

Ich mußte sofort an Hanna denken. Damals, als ihre Geschichte mit Philipp zu Ende war, habe ich zu ihr gesagt: »Du, es hat doch sicher Anzeichen gegeben, es muß etwas passiert sein.« – »Nein«, meinte sie, »es kam aus heiterem Himmel. Eines Abends stand er in der Küche, und ich wußte, jetzt ist es nicht mehr gut.« Hanna ist manchmal wenig sensibel. Ich habe es ihr nicht geglaubt. Doch jetzt mußte auch ich es erfahren. Der Bruch kommt wirklich plötzlich – out of the blue . . .

Wir sind dann in den Wald gefahren. Wald ist für mich immer heilsam. Ich glaube, daß es meine Art ist, in Momenten der Panik cool zu bleiben. Nein, nicht cool, eher in mir ruhend. Ich lasse mich nicht hinreißen von Gefühlen, ich trete dann in Verbindung mit etwas Größerem. Ich habe mich lange mit den Indianern beschäftigt. Es war mir wichtig, daß wir eine Paarzeremonie machen, daß wir Kräfte rufen, die uns helfen, ja zu sagen zu der Veränderung. Ich habe diesen Mann geliebt und gehofft, daß dieser Bruch wieder zusammenwachsen würde.

Philipp war angetan von meinem Verständnis. Ich habe ihn gefragt: »Was ist es, was uns plötzlich trennt?«

»Es ist nicht so, daß ich mich entscheide: Jetzt gehe ich auf Distanz. Es ist ein Spalt, ein Abgrund, der sich auftut, vor dem ich zurückschrecke.« Die Trennung hatte also nichts mit mir zu tun. Er hat einfach Angst vor Nähe. Er hat Angst, sich einzulassen.

In mir sind die Bilder hochgekommen, wie alles angefangen hat. Es war im Januar und die Beziehung zu Hanna seit Oktober vorbei. Philipp ist ein sehr zärtlicher Mann. Wir lagen oft auf dem Boden vor meinem Bett, haben Tee getrunken, einander gehalten – und meditiert. Am Anfang waren wir wie Geschwister. Aber dann wurde das Bruder-Schwester-Dasein ganz schön inzestuös. Ich kann mich noch genau an die Nacht erinnern, in der es für mich endgültig gekippt ist. Es war nach einem Tanzabend. Er kam zu mir, hat seine Hand auf meinen Bauch gelegt und mich umarmt. Ich habe mein Herz gespürt wie noch nie zuvor. In meiner Phantasie sah ich Delphine rund um uns. Delphine sind für mich heilige Tiere. Nein, wir haben nicht miteinander geschlafen, aber da waren Nähe, Zärtlichkeit, Berührung, Küsse . . . Mein Herz ist mit dem seinen verschmolzen.

Am nächsten Abend sagte Philipp: »Du mußt das verstehen, Maria, ich kann mich nicht mit dir einlassen. Du bist nicht meine Seelenpartnerin. Yogananda hat in meiner Meditation nein gesagt.« Yogananda ist ein großer indischer Guru, zu dem er betet, an den er glaubt.

Das Nein hat mir sehr weh getan.

Es vergingen zwei Wochen. Dann kam der Abend, an dem wir uns wieder ganz nahe gewesen sind. Er hatte ein großes

Projekt abgeschlossen und ich die Aufnahmeprüfung für meine Ausbildung bestanden. Wir haben die ganze Nacht geredet, und gegen Morgen sagte Philipp: »Jetzt hat Yogananda ja gesagt. Er gibt mir grünes Licht. Von nun an bist du meine Seelenpartnerin.«

Ich war mißtrauisch. Es ging mir zu schnell. »Du, mir macht das angst. So lange sagt Yogananda nein, und plötzlich heißt es ja. Und was, wenn er eines Tages wieder auf Rot schaltet, was dann?«

Mir fiel die Geschichte einer Frau ein, die Philipp erzählt hat. Er war vier Monate mit ihr zusammen. Eines Morgens ist er aufgewacht und wußte – es ist vorbei. So wie mit Hanna. Drei Monate total intensiv, keine Probleme, und trotzdem war es von einer auf die andere Minute zu Ende! Ich kenne so etwas nicht. Meine Beziehungen haben alle mindestens zwei Jahre gedauert. Irgendwann hat man sich dann nicht mehr verstanden und gestritten . . . Aber so, daß es gut war und dann plötzlich fertig, Schluß, aus! Das kann ich nicht verstehen.

Ich hatte Angst, daß ich mich nicht mehr lösen kann, wenn ich mich zu tief einlasse, und habe gezielt eine Schleuse eingebaut. Vier Monate Probezeit, habe ich gesagt. Ich will genau hinschauen, was wirklich da ist zwischen uns und ob es für eine Beziehung reicht.

Unser Liebesleben war in der ersten Zeit wunderschön: Zärtlich, erotisch – wir haben fast alles miteinander getan. Aber Philipp wollte noch warten, wollte nicht mit mir schlafen. Die Männer, mit denen ich vorher zusammen war, wollten immer nur das eine. Nach der Erfahrung mit Hanna war Philipps Motto jetzt: »Ich will keine Räume mehr betreten, die ich nicht füllen kann.« Ich fand das sehr ehrenwert. Es klang nach Verantwortung und Ehrlichkeit.

Am Anfang hat das Tempo, in dem Philipp sich mir näherte, auch für mich gestimmt. Meine Eltern waren sehr körper-

155

feindlich und haben mir jede Sexualität aberzogen. Meine Mutter hat sich über die weiblichen Geschlechtsorgane nur mit Ekel geäußert.

Ich war lange Zeit frigide.

Nach meinen ersten Erfahrungen mit Männern habe ich mich zwölf Jahre lang nur Frauen zugewandt. Sie waren mir ein Spiegelbild. Mit ihnen habe ich zum erstenmal verstanden, daß eine Brust und eine Vagina etwas Schönes sind. Zu Philipp habe ich gesagt: »Ich bin lange mit Frauen zusammengewesen. Ich weiß, wie man ohne Penis auskommt, es gibt hunderttausend Möglichkeiten. Es geht allerbestens ohne.«

Irgendwann wollte ich wissen, wie lange die Enthaltsamkeit noch dauern soll. Ich habe ihn immer mehr begehrt. »Bis zum 3. Juli, dann sind sechs Monate vorbei«, hat er gesagt. »Das ist die Frist, die ich uns setze.« Es war keine gemeinsame Entscheidung. Er hat es beschlossen und mir mitgeteilt.

Vier Monate waren erst vergangen. Da standen wir in diesem Wald nach einer wunderschönen Zeit, und plötzlich war das Ja ein Nein. Yogananda hatte wieder von Grün auf Rot gestellt. Ich hoffte, daß es nur eine Krise ist, daß unser Weg gemeinsam weitergehen würde.

Kaum hatten wir die neue Wohnung eingerichtet, fühlte Philipp sich eingeengt: »Ich will mich nicht verpflichten. Ich möchte mehr Freiheit – auch sexuell, mit anderen Frauen.« Für mich war klar, wenn ich mit ihm schlafe, dann will ich ihn nicht teilen!

Seelenpartnerschaft ist für mich etwas Heiliges. Es ist eine spirituelle Verbindung zwischen zwei Menschen, die weit über die Erotik hinausgeht. Natürlich gibt es auch Momente, wo der andere mich nervt, wo er mich ärgert. Aber das ändert doch nichts an meinem Grundgefühl für ihn!

Ich habe akzeptiert, daß wir in einer Krise sind, die entstehen kann, wenn eine Beziehung enger wird. Das ist doch kein Grund, alles hinzuwerfen! Wenn mir etwas wichtig ist, dann kämpfe ich dafür.

Noch im Februar hat Philipp zu mir gesagt: »Unsere Beziehung ist im Himmel beschlossen«, und ich habe es ihm geglaubt. Im Mai hat er alles zurückgenommen: »Du bist doch nicht meine Seelenpartnerin.« Für mich sind Welten zusammengebrochen. Ich war wie vor den Kopf gestoßen. Er muß doch wissen, was er auslöst in einem anderen Menschen – an Sehnsüchten, an Bildern!

Ich habe das Gefühl, er schiebt seine Verantwortung an Yogananda ab. Ich meditiere auch, empfange auch Botschaften. Aber ich prüfe, ob sie rein sind oder ob ich sie mit meinen Wünschen und Vorstellungen vermische. Er behauptet ständig: »Gott hat gesagt . . .«

Ich trage die Verantwortung für mein Handeln selbst. Und Philipp? Yogananda sagt Rot, Yogananda sagt Grün, er selbst hat nie etwas damit zu tun. Ich verstehe nicht, wie dieser Mann das macht. Wo sind seine eigenen Wurzeln und Gefühle?!

Wenn ich ihn danach frage, gibt er mir vage Antworten, die alle auf den »heiligen Moment« hinauslaufen. Nur der Augenblick ist wichtig! Für mehr fühlt er sich nicht verantwortlich.

Ich kenne diese Flucht vor Gefühlen unter den Deckmantel der Spiritualität sehr gut.

Vor meiner Geschichte mit Philipp hatte ich eine Dreiecksbeziehung. Die Frau des Mannes war meine Therapeutin und Leiterin eines schamanistischen Zentrums. Er war zwanzig Jahre jünger als sie und hat sich in mich verliebt. Er wollte uns beide. Ich bin vielleicht nicht so spirituell wie sie, aber mit mir kann man dafür den Alltag teilen, einfach lachen, herumhocken und reden. Als die Probleme irdisch wurden und sehr konkret, als es um Konkurrenz ging, um Eifersucht und Macht, da wurde es nicht so benannt. Da sagte sie zu mir: »Ich habe mit diesem Mann eine große Aufgabe. Was ist deine Aufgabe mit ihm?« Ich hatte das Gefühl, daß sie in Wahrheit meint: »Du bist der Störenfried, spann mir den Mann nicht aus!« In jedem Fall war meine Aufgabe in ihren Augen geringer. Ich sollte zurücktreten. Das Schlimme war, daß ich ihr nicht beweisen konnte, daß es um ihre Angst ging, verlassen zu werden. Der Mann hat sich aus der Affäre gezogen, indem er uns den Kampf überlassen und sich eine Dritte genommen hat.

Für mich wiederholt sich die Erfahrung, daß Spiritualität zerstört wird, wenn ich mich mit einem Menschen sexuell verbinde. Ich kriege das einfach nicht auf die Reihe. Wenn die Bedürftigkeit des kleinen Kindes kommt, die Eifersucht, der Wunsch nach Besitz, kann ich das mit dem großen Bild von Hingabe und Liebe nicht verbinden.

Damals habe ich mir geschworen, nie mehr in eine Beziehung einzudringen. Bei Philipp und Hanna hatte ich das Gefühl, es ist vorbei.

Meine Beziehung zu Hanna war von Anfang an nicht sehr tief. Was mich wirklich berührt hat, habe ich mit ihr nie teilen können. Sie ist Hebamme und erzählt immer Hunderte von Geschichten. Ich höre ihr auch gerne zu, aber irgendwann will ich auch von mir erzählen. Dann brauche ich Raum für mich und ihre ganze Aufmerksamkeit. Hanna kann oder will das nicht.

Was uns verbunden hat, war die Suche nach neuen Lebensformen. Ich habe das Haus für die Wohngemeinschaft gefunden und bin dann in die Ferien gefahren. Als ich zurückkam, waren Philipp und sie ein Paar. Es war furchtbar! Was mir die beiden angetan haben, ist noch schlimmer als der Bruch mit Philipp jetzt.

Es war wie ein Schlag mitten ins Gesicht.

Mein Vater hat mich oft geschlagen. Er hat lange nichts

gesagt, aber wenn es ihm zu bunt wurde, ist er mit seinem Lederhausschuh hinter mir hergelaufen und wollte mich strafen. Es war alles so willkürlich. Wie bei Yogananda, der plötzlich auf Rot umschaltet. Ich hatte immer das Gefühl von latenter Gewalttätigkeit. Dieses Gefühl habe ich auch mit Philipp. »Ich glaube dir nicht, daß du so sanft bist«, habe ich zu ihm gesagt. »Ich möchte gerne deine Aggressionen sehen, deine Wut, deinen Haß.«

Ich muß schwere Geschütze auffahren, wenn ich die Mauern niederreißen will, die er um sich herumgebaut hat. Was habe ich nicht schon alles probiert! Ich habe ihm von mir erzählt, habe meine Seele vor ihm bloßgelegt, damit auch er sich öffnet. Er hat einfach zugehört und mir das Gefühl vermittelt, daß er mich versteht. Er war offen. Aber nur bis zu einem gewissen Punkt.

Unsere erotischen Begegnungen waren trotzdem intensiv! Aber je mehr Philipp sich in der Nacht eingelassen hat, desto mehr hat er mich am Tag verletzt. Einmal, nachdem es besonders schön war, hat er gesagt: »Die Nähe zu dir macht mich krank.« – Es hat ihm nicht genügt, sich zurückzuziehen, er mußte alles zerstören!

Inzwischen war es Sommer, und wir hatten immer noch nicht wirklich miteinander geschlafen – weil die Bedingungen nie günstig waren. Ich erinnere mich noch an einen heißen Tag am See. Wir waren zu allem bereit, es knisterte nur so vor Erotik. Ich wollte nach Hause. Plötzlich sagt Philipp: »Jetzt fahren wir zu meiner Mutter.« Ich mag seine Mutter. Aber das war trotzdem eigenartig. Daß wir, anstatt uns endlich zu lieben, zu ihr gefahren sind. Ich habe mir schon oft überlegt, ob er nicht eine zu enge Bindung zu ihr hat. Vielleicht kommt daher seine Angst vor Nähe. Wenn ich ihm vorwerfe, daß er sich nicht einlassen kann, sagt er: »Ich war schon einmal neun Jahre mit einer Frau zusammen, soviel kannst du nicht vorweisen.«

Ich habe mir gedacht, vielleicht fühlt er sich weniger bedroht, wenn wir uns körperlich nicht mehr ganz so nahe kommen. Wir haben uns nicht mehr berührt. Wenn das Knistern zwischen uns übermächtig wurde, haben wir die Erregung gemeinsam durchgeatmet. Es war ein Ansatz aus dem Tantra, ein Kreislauf von tiefen Gefühlen, aber ohne Geschlechtlichkeit. Aber auch davon hat er sich nach einer Weile distanziert.

Ich habe verstanden, daß ich etwas tun muß, damit ich nicht mehr so auf ihn fixiert bin. Ich habe mich in die Arbeit gestürzt und eine Frauengruppe zum Thema Mißbrauch gegründet. Dann war es wieder eine Zeitlang gut.

In der Nacht, als er zum erstenmal nicht nach Hause kam, war meine Frauengruppe da. Es wurde elf, es wurde zwölf, kein Philipp. Um zwei Uhr habe ich in seinem Büro angerufen. Da war er auch nicht. Da wußte ich, er ist bei einer anderen.

Am nächsten Morgen bin ich sofort zu ihm ins Bett. Ich wollte gar nicht wissen, wo er gewesen ist. Ich wollte Zärtlichkeit und Nähe. Er ist nicht darauf eingegangen. Er hat meine Annäherungsversuche zerredet und fing an, mit mir zu diskutieren. Dann hat er mir erzählt, daß er bei Margit gewesen ist. Und das vor dem Tag, an dem wir einen lang geplanten Ausflug in die Berge machen wollten. Es war ein mieses Timing!

Ich weinte und habe ihm gesagt, wie sehr mich das verletzt. Er hat den Spieß ganz einfach umgedreht und mich beschuldigt wegen meiner Kleinlichkeit, daß ich ihm nicht gönne, etwas Schönes zu erleben. Außerdem hätte er sich ja ohnehin erklärt und mir gesagt, daß er seine Freiheit auch für andere Frauen brauche.

Ich habe gemerkt, wenn ich etwas von mir preisgebe, stoße ich auf Abwehr. Ich war so wütend, ich hätte ihn totschlagen können. In diesem Augenblick habe ich die Mörderin in mir entdeckt! Ich habe ihn nur noch voller Wut und Verachtung angeschrien. Da war er wie mein Vater: Im tiefsten Schmerz will er mit mir vernünftig reden!

Philipp hat sich auch körperlich zurückgezogen. Das ist schade, weil ich die Erotik mit ihm sehr genossen habe. Andererseits hilft es mir, Distanz zu halten.

Ich wohne mit einem Mann zusammen, der kaum mehr als ein Fremder ist. Es gibt so viele verschiedene Schichten in ihm. Einerseits geht er liebevoll mit sich um und stellt sich dar, als sei er mit sich und anderen eng verbunden.

Andererseits übernimmt er sich und meint, er sei ein großer Zauberer: Er sagt »Ping«, schon ist es da. Dann sagt er »Pong«, und es ist wieder weg. Er macht sich etwas vor. So wie mit den Räumen, die er angeblich nicht betreten will. Das sind nur schöne Worte. Er hat eine liebenswerte Art und verspricht soviel mit seinem Charme und seinen Augen. Er ist sehr körperlich und prüft doch selten, was er wirklich spürt.

Ich habe ihm gesagt, daß er ein Wolf im Schafspelz ist. Daß ich es leid bin, nur das Schaf zu sehen.

Aus der Kindheit

Meine Mutter kommt aus dem Rheinland, eine charmante, lebenslustige Frau. Meinen Vater hat sie geheiratet, weil er ein typischer Schweizer ist: Er trinkt nicht, geht nicht zu anderen Frauen, er liefert seinen »Zahltag« ab und bietet ihr materielle Sicherheit. Sie hatte vor ihrer Ehe eine Geschichte mit einem anderen Mann und wurde zutiefst verletzt. Sie wollte sicher sein, daß es nicht noch einmal passiert.

Ich kann mir nicht vorstellen, daß mein Vater eine Frau glücklich machen kann. Er ist zurückhaltend und verschlossen, unfähig, seine Gefühle zu zeigen. Er kommt mit stummen Erwartungen, die er nicht ausspricht.

Als ich ein Kind war, hat er tagelang mit meiner Mutter und mir kein Wort geredet, wenn er böse war. In anderen Familien flogen Teller, bei uns herrschte tödliches Schweigen.

Meine Mutter hat mich mit ihrer Liebe, mit ihren Forderungen erdrückt. Wenn ich nicht spurte, wie sie wollte, hat sie mich einfach ausgesperrt. Einmal kam ich zu spät zum Mittagessen und fand die Tür verschlossen. Ich war in Panik und habe mir gedacht: Jetzt tut sie sich meinetwegen etwas an. Ich habe sie gesucht und bin in der Waschküche ausgerutscht. Erst als ich blutend dalag, ist sie von der Nachbarin gekommen. Sie hatte sich dort versteckt.

Einerseits hat sie mich wie eine Löwin verteidigt. Andererseits hatte ich immer das Gefühl, ich bin die Schuldige vom Dienst. Die Mutter hat mir schon früh gesagt, »du bist mein Lebensinhalt«. Wenn sie Migräne hatte und kotzend überm Klo hing, war vorher immer etwas mit mir, worüber sie sich aufregen mußte. Migräne ist bei uns eine Familienkrankheit. Bereits meine Urgroßmutter und die Großmutter haben darunter gelitten. Und ich auch.

Ich habe schon als Kind gewußt, daß ich für das Glück und Unglück meiner Mutter zuständig bin. Sie hat mir, wenn sie Kopfweh hatte, oft gedroht: »Ich tue mir etwas an.«

Meine Eltern haben sich ständig gegenseitig fertiggemacht. Ich fand es demütigend. Von ihnen habe ich gelernt, andere Menschen zu verachten – ganz subtil. Das schafft so eine Distanz. Das kann ich gut.

Mein Vater wollte meine Mutter vor der Hochzeit verführen. Sie hat nein gesagt, obwohl sie schon verlobt waren. Er hat ihr später gestanden, daß es ein Test war, daß er sie verlassen hätte, wenn sie mit ihm geschlafen hätte. Die Mutter hat es lachend erzählt, er hat dazu genickt.

Mein Vater war die strafende Instanz. Meine Mutter hat ihm schlimme Geschichten über mich erzählt, und er hat mich dafür geschlagen. Er war nie auf meiner Seite. Die anderen hatten immer recht. Einmal wurde ich in einem Laden von der Verkäuferin beschuldigt, ich hätte ein Kaugummi gestohlen. Es stimmte nicht, aber mein Vater hat es sofort geglaubt und mich als Diebin hingestellt.

Ich hatte als Kind den Eindruck, meine Eltern halten mich für eine Idiotin: geistig behindert, schwer erziehbar, verhaltensauffällig. Heute weiß ich, ich war nur spät entwickelt und legasthenisch. Meine Mutter wurde ungeduldig, wenn ich nicht richtig lesen konnte und hat mich oft geschlagen. Ich war dann so trotzig, daß es erst recht nicht ging.

Damals habe ich gelernt, meine Gefühle abzuspalten. Das ist eine Gabe und eine Schwäche zugleich. Wenn ich ausflippe, gibt es immer noch einen Teil von mir, der von außen zusieht und neugierig ist, was passiert.

Das Leben mit meinen Eltern, die Schule, das alles waren Nebenschauplätze. Mein wahres Leben waren der See, der Wald, mein Kletterstein.

Ich habe in einem Phantasieland gelebt, mit meiner Freundin Geschichten gespielt, die nicht von dieser Welt gewesen sind. Ich habe gewußt, ich gehöre nicht auf diese Erde.

»Ich bereue nichts.
Ich bin geflogen und abgestürzt.«

Hanna, 34 Jahre alt

Der Weg zurück in Philipps Vergangenheit führt entlang der Limmat. Ich folge ihren Ufern bis zum Wehr, an dem das Wasser in die Tiefe stürzt. Später werden wir auf der kleinen Brücke stehen, und Hanna wird sagen: »Ich liebe diesen Platz. Wenn ich zurückschaue, dann fließt der Fluß so ruhig. Sehe ich nach vorne, ist er wild und ungebändigt.«

Ruhig und wild zugleich ist auch das Gesicht der Frau, die mir in dem kleinen Reihenhaus die Tür öffnet. Das fällt mir allerdings erst später auf. Zunächst nimmt mich der Blick ins Innere der Wohnung gefangen. Ein Déjà vu, die Wiederholung eines Bildes, das ich vor wenigen Stunden in mir gespeichert habe: »Vielleicht ist es nicht taktvoll, das zu sagen, aber ich habe vor wenigen Stunden einen Raum verlassen, der diesem hier verblüffend ähnlich sieht!«

»Es stimmt«, *sagt Hanna lachend.* »Eigentlich wollte ich alles neu und anders machen. Aber dann hat mir doch nichts anderes gefallen...« *Ein bunter Teppich und ein wunderschöner Holztisch mit Metallfüßen – schräg in den Raum gestellt – sind Mittelpunkt des Wohnzimmers. Hier wie dort. Die Sessel sind alle verschieden und passen doch zusammen. Hier wie dort. Der Lehnstuhl ist mit buntem Stoff drapiert. Hier wie dort. Nur wo vor Hannas Fenster der wilde Wein wie ein dickes Polster wuchert, wächst auf Marias und Philipps Balkon ein zartgrüner Bambusbaum.*

Auch in dieser Wohnung verliert sich die Fremdheit nach ein paar Tassen Tee. Auch hier sitzt mir eine Frau gegenüber, deren Gesicht sich im Gespräch stark verändert. Einmal sind die scharfgeschnittene Nase und der kleine runde Mund in Harmonie. Im nächsten Augenblick wirft sie die Stirn in Falten und füllt mit wilden Gesten den ganzen Raum.

Das Projekt der Wohngemeinschaft in diesem Haus war die Erfüllung meines Traums. Ich habe vorher schon mit anderen zusammengelebt, aber nach einer Weile ging es immer wieder schief. Zuerst mit einem Jugendfreund: Wir teilten uns eine schöne Wohnung in der Stadt. Kaum hatte er eine Freundin, habe ich gemerkt, daß es zu dritt nicht geht, und bin wieder ausgezogen. Dann mit einer Lesbe. Sie hat mir gleich gesagt, daß sie nur Frauen mag. »Ich nicht«, habe ich geantwortet, »aber es ist kein Problem für mich.« Sie hat sich doch in mich verliebt und wurde furchtbar penetrant. Sie war groß und schwer und wollte mich packen und behalten. Sie hatte für mich nichts Verführerisches. Einmal hat sie mitgekriegt, daß ich mit einem Mann ausgehen will. Da fing sie plötzlich an, etwas zu kochen. Als er dann vor der Türe stand, um mich abzuholen, hat sie verlangt, daß ich bleibe und mit ihr esse. Sie hat vor diesem Mann getobt, es war nur peinlich! Ich bin Hals über Kopf geflüchtet.

Meine nächste Wohnung war wie ein Adlerhorst, einsam über den Dächern von Zürich. Ich war hoch oben. Es war gut, allein zu leben, ich habe viel über mich gelernt. Auch daß ich nicht erwarten darf, daß mir jemand hilft, wenn ich einsam bin, daß ich für mich selbst sorgen muß. Nach einer

Weile war es für mich Zeit, wieder zu den Menschen zu gehen. Ich wollte eine neue Wohngemeinschaft gründen.

Maria und ich kennen uns schon lange. Wir haben zusammen eine Volkstanzgruppe geleitet. Ich konnte Menschen zum Tanzen animieren, dafür hat sie sich die Schritte besser gemerkt. Wir haben uns gut ergänzt. Es war nicht so, daß wir unbedingt zusammenleben wollten. Sie hatte eine Art, Forderungen an mich zu stellen, die ich anstrengend fand. Wenn ich ihr nicht genügend Aufmerksamkeit schenkte, war sie beleidigt und hat sich beklagt. Was uns verbunden hat, war der Wunsch nach neuen Lebensformen. Sie hat das Haus gefunden, ich habe meine Kraft in das Projekt investiert.

Ich habe mich so darauf gefreut einzuziehen, daß ich mir vierzehn Tage Ferien genommen habe. Ich war unabhängig und voll Begeisterung. Ich habe in dieser Zeit keinen Mann gebraucht. Das sind Momente, in denen ich sehr attraktiv bin. Philipp hat mich nicht direkt verführt. Aber er hat mich umschmeichelt, gelockt und gereizt. Wir haben im einzigen Zimmer, das schon bewohnbar war, auf unseren Matratzen nebeneinander campiert. Auf einer Riesenfläche, Nacht für Nacht. Er ist ein faszinierender Mann. Nach ein paar Tagen habe ich ihm gesagt, daß ich gerne mit ihm schlafen möchte.

Bei ihm habe ich zum erstenmal meine sanfte Seite entdeckt.

Maria war auf Urlaub. Ich habe das nicht verstanden. Das Haus war eine Baustelle, es gab so viel zu tun: Wände anstreichen, Böden wachsen ...

Nach zwei Wochen kam sie zurück und ist völlig ausgeflippt. Sie hat geschrien, getobt und behauptet, sie hätte schon gewußt, daß ich mich gleich verlieben werde.

Auf unsere Annonce in der Zeitung haben sich viele Männer gemeldet. Wir haben uns beraten, wer in Frage kommt. Einer war dabei, den hätte ich gerne genommen. Maria war dagegen und hat mir vorgeworfen, ich hätte ihn auf eine besondere Weise angesehen ...

Philipp war der erste, mit dem wir beide einverstanden waren. Ich war nicht gerade hellauf begeistert, Maria war um so mehr von ihm angetan. Wir trafen uns in einem Kaffeehaus. Philipp saß zwischen uns an einem kleinen Tisch, ganz nahe bei Maria, das Gesicht mir zugewandt. Sie warf ihm vor, daß er sich nur für mich interessiere, daß er in seiner Körpersprache nur auf mich gerichtet sei. »Ich sitze viel näher bei dir, meine Schulter berührt ja fast deine«, hat er ihr lächelnd geantwortet. Das ist seine große Begabung. Er kann sich überall wunderbar herausreden.

Maria wollte nach der Entdeckung, daß wir in der Zwischenzeit ein Paar geworden sind, nicht mehr hier einziehen. Mir war es wichtig, daß sie bleibt. Philipp und ich hatten schon ihr Zimmer renoviert. Vielleicht aus schlechtem Gewissen, aber auch weil ich sie nicht ausschließen wollte. Maria hat sich im Wohnzimmer umgesehen und kritisiert, daß nichts von ihr ist, daß alles uns gehört. Da hat es mir gereicht. »Du mußt dich schon selbst einbringen und etwas tun, du warst bis jetzt nicht da.«

Das ging wochenlang so. Sie hat mir ständig Szenen gemacht und war ekelhaft zu Philipp. Maria ist bisexuell. Ich habe mich gefragt, ob sie nicht eifersüchtig ist, weil sie zu mir eine Beziehung will. Als ich sie darauf ansprach, hat sie so heftig reagiert, daß ich es schon verdächtig fand: »Du weißt genau, daß ich dich absolut nicht erotisch finde.«

Die erste Zeit mit Maria war furchtbar. Sie hat verlangt, daß Philipp und ich ausziehen, daß wir uns eine eigene Wohnung suchen. Aber das wollten wir nicht. Wir hatten eine wunderbare Zeit. Es war für mich die intensivste Beziehung meines Lebens. Wir haben einander viel erzählt und unsere Nähe sehr genossen. Ich liebte Philipp, das Haus und meine Arbeit. Ich habe in dieser Zeit nichts anderes gebraucht.

Eines Abends stand er in der Küche und sah mich mit seinen schönen Augen traurig an: »Ich habe mein Gefühl für dich verloren.« Aus heiterem Himmel! Ein paar Tage zuvor waren wir noch in einem Berggasthof, den Philipp in ein ganzheitliches Zentrum umbaut. »Du bist so wichtig in meinen Leben, du unterstützt mich so«, hat er gesagt.

Ich wollte nicht wahrhaben, daß es zu Ende ist. Für mich war es eine Beziehungskrise. Ein Konflikt, den man gemeinsam austrägt.

Philipp war damit einverstanden. Im nachhinein habe ich gemerkt, daß er zur Klärung nichts beigetragen hat. Er hat mich weiter eingeladen, mit ihm die Nächte zu verbringen.

Ich bin Hebamme. Wenn ich spät von einer Geburt nach Hause kam, lag oft ein Zettel vor der Tür, daß er noch auf mich wartet. Wir haben miteinander geschlafen, obwohl er sein Gefühl für mich verloren hatte. Unsere Sexualität wurde distanzierter. Ich habe oft eine Leere gespürt und seine Hand auf mein Herz gedrückt. Er hat mich nicht mehr ausgefüllt.

Ich bin ein sturer Kopf. Ich habe geglaubt, wenn ich lange genug durchhalte, wird alles wieder gut. Vielleicht ist es lächerlich, aber irgendwo war auch die Hoffnung da, daß seine Gefühle wiederkommen.

Nach einem Monat war mein Nacken so verspannt, daß ich mich kaum bewegen konnte. Ich habe gemerkt, ich brauche Distanz zu Philipp, ich halte es nicht mehr aus. Ich liebte ihn noch immer, aber ich sah ein, daß ich auch für mich sorgen muß. Entweder lebe ich so weiter und lasse mir alles gefallen, oder ich wehre mich, auch wenn es schmerzhaft ist. »Du trägst keine Verantwortung«, habe ich zu ihm gesagt. »Du schläfst mit mir, obwohl unsere Beziehung zu Ende ist. Ich will nicht mehr mit dir ins Bett, will nicht mehr, daß du mich berührst.«

Es war das Ende einer Illusion. Maria war in meinem

Schmerz sehr lieb zu mir. Rückblickend kommt es mir so vor, als sei ihr Blick triumphierend gewesen.

Damals, im Sommer, als unsere Beziehung anfing, hat sie mich gewarnt: »Er wird es mit dir so machen wie mit der anderen.« Als wir hier eingezogen sind, war Philipp mit einer Frau aus einem anderen Ort befreundet. Eines Abends kam er zurück und sagte: »Ich habe heute im Zug gemerkt, daß es die letzte Fahrt zu ihr gewesen ist. Es ist aus.«

Bei mir war es dann genauso.

Philipp hat mir mitgeteilt, daß ich zu jung sei und zuwenig spritituell. Daß ich nicht seine Seelenpartnerin bin! Ich kann mit dem Wort nichts anfangen. Ich glaube nicht daran, daß ein Seelenpartner perfekt zur Welt kommt, immer heiter, immer verliebt und toll ist. Es gibt Zeiten im Leben, in denen nicht alles rosarot ist.

Ich war verletzt, weil er meine Spiritualität nicht gelten läßt, weil er bestimmt, was richtig ist. Seine Spiritualität ist abgehoben – meine ist bodenständig. Ich muß nicht jeden Tag meditieren. Für mich ist jedes neugeborene Kind ein Wunder. Ich spüre Gott, wenn ich auf meinem Rad den Fluß entlangfahre. Ich bin ein tiefreligiöser Mensch und glaube an eine höhere Macht. Ich möchte so leben, daß ich mich und andere nicht verletze, möchte liebevoll zu mir und anderen Menschen sein. Ich kann das nicht von meiner Spiritualität abkoppeln.

Philipp kann das. Für ihn ist seine Spiritualität hoch oben im Himmel. Hier unten im Alltag ist er grausam. Er benutzt seine Erotik, um immer wieder neue Frauen zu erobern. Er macht sich keine Gedanken darüber, was er auslöst. Ich glaube, er hat auf seinem Weg viele verletzt. Er läuft weg, als hätte das alles nichts mit ihm zu tun. Er macht sich etwas vor, behauptet, daß er keine Beziehung mehr will. In Wahrheit ist er die ganze Zeit auf der Suche. Von Seelenpartnerin zu Seelenpartnerin.

Ich habe viel geweint in dieser Zeit. Philipp hat mir gesagt, daß er Schuldgefühle hat, mich so verzweifelt zu sehen. Aber es war nur von kurzer Dauer. Er hat dann meditiert und mir erklärt, mein Schmerz sei mein Problem.

Wir waren dann noch einmal ein paar Tage miteinander in den Bergen. Auf dem Heimweg hat er plötzlich angefangen, über Kinder herzuziehen, richtig verletzend. Als unsere Beziehung anfing, hat Philipp zu mir gesagt: »Du bist eine Frau, die Kinder haben muß.« Ich hätte gern ein Baby mit ihm gehabt. Er hatte, schon Wochen bevor wir uns kennenlernten, einen Termin beim Arzt vereinbart und wollte sich sterilisieren lassen. Eines Abends kam er nach Hause und eröffnete mir, er hätte den Eingriff abgesagt. Ich habe mich sehr gefreut.

Eine Weile war dann Waffenstillstand. Philipp hat sich beschwert, daß ich verletzend bin, weil ich an dem Podest rüttle, auf dem er steht. »Ja, das tue ich«, war meine Antwort, »denn wir stehen alle auf der Erde. Gleich mit gleich, so will ich dir begegnen. Nicht du auf einem Altar!«

In der Neujahrsnacht habe ich gesagt, ich werde auswärts übernachten. Dann kam ich doch zurück. In seinem Zimmer hat noch Licht gebrannt, ich ging hinauf. Philipp und Maria lagen eng umschlungen am Boden vor dem Bett. Der ganze Raum hat nur so geknistert vor Erotik. Es war so ungeheuerlich, daß ich wie blind davongelaufen bin.

Philipp kam mir in die Küche nach. »Es tut mir leid, du verstehst das falsch, wir sind nur Freunde . . .«

Für mich war es ein Treuebruch, eine Verletzung, die ich bis heute nicht vergessen kann. In diesem Haus, in unserer Wohngemeinschaft, lassen die beiden sich auf ein Verhältnis ein und sehen zu, wie ich tagtäglich unter der Trennung leide! Maria hat mir gesagt, es sei die gleiche Situation wie damals, als sie zurückkam und Philipp und ich ein Paar gewesen sind. Jetzt könne ich endlich spüren, wie schrecklich es für sie gewesen ist. Es war pure Rache.

Philipp hat mich auch nicht unterstützt. Die beiden haben sich die meiste Zeit oben in ihren Zimmern vergnügt und sich am Leben der Wohngemeinschaft nicht mehr beteiligt. Ich hätte genausogut in einem Einzelzimmer leben können.

Ich habe wochenlang geweint. Allein. Ich hatte das Gefühl, als müsse ich auch vieles aus meiner Kindheit nachholen. Damals habe ich manchmal aus Wut geheult, aber nie aus Trauer oder Schmerz. In meinem ganzen Leben war es mir noch nie so schlecht gegangen wie in diesem Winter. Ich bin am Fluß entlanggelaufen, bis ich nicht mehr konnte. Ich wollte, daß mir jemand nachläuft und mich holt. Doch dann habe ich gemerkt, daß ich kein kleines Kind mehr bin, daß sie mich nicht suchen werden, daß ich für mich selbst sorgen muß.

Durch die Trennung von Philipp habe ich zum erstenmal gelernt, daß ich nicht alles kontrollieren, nicht alles alleine schaffen muß. Ich habe mir Unterstützung geholt: Von meiner Mutter, von Freunden, sogar das Hebammenteam im Krankenhaus war für mich da.

Die Situation in der Wohngemeinschaft wurde immer unerträglicher. Schließlich habe ich von Philipp und Maria verlangt, daß sie ausziehen.

Philipp ist noch einmal allein zurückgekommen, um seine letzten Sachen zu holen. Wir haben am Tisch gesessen, er war enttäuscht, daß alles so geendet hat: »Ich hatte das Gefühl, wir wären frei gewesen für eine Dreiecksbeziehung.«

Dreiecksbeziehung! Das ist genau mein Thema.

Ich habe in meinem Leben fast ausschließlich Beziehungen gehabt, in denen ich die Dritte war. Ich hatte das Gefühl, daß ich es nie schaffen würde, an erster Stelle zu stehen. Ich habe genug davon. Für immer. Ich will nicht mehr teilen. Schon gar nicht mit Maria! Manchmal glaube ich, daß sie wie eine Spinne ist, die immer wieder versucht, mich in ihr Netz zu ziehen und auszusaugen. Sie hat sogar versucht, sich in das Herz meiner Mutter zu schleichen, weil sie keine gute Beziehung zu ihrer eigenen Mutter hat.

Es war eine Herausforderung, die Wohngemeinschaft neu aufzubauen. Die Leute, die jetzt hier wohnen, sind mir nicht ganz so nah, aber wir sprechen eine ähnliche Sprache. Es gibt Wärme und Vertrauen – ohne Sexualität.

Philipp war für mich ein Lehrstück. Ich habe früher einiges dazu getan, daß mir die Männer nicht zu nahe kommen, damit sie mir nicht weh tun können. Jetzt weiß ich, daß eine Beziehung mich nicht zerstören kann. Ich tauche tief ein, aber ich tauche auch wieder auf. Der Boden unter meinen Füßen ist fester geworden, ich habe gelernt, mir selbst zu vertrauen. Mein Anspruch an die Männer ist gestiegen. Ich will mehr Klarheit, ich will über alles reden können. Auch über meine Schwierigkeiten.

Wenn ich zurückschaue: Ich bereue nichts. Ich bin geflogen und abgestürzt. Ich habe gelernt, meine Kontrolle aufzugeben, mich einzulassen. Ich habe mich als Frau entdeckt und mir erlaubt zu weinen.

Ich bin beziehungsfähig. Ich werde wieder fliegen.

Aus der Kindheit

Meine Mutter mußte meinen Vater heiraten. Er sagte, Gott habe ihm versprochen, daß sie seine Frau wird. Meine Eltern sind beide in einer Sekte aufgewachsen, in der es strenge Sitten gab: Der Mann ist das Oberhaupt der Familie, Frauen haben nichts zu sagen. Sie dürfen keine Hosen tragen und sich nicht die Haare schneiden. Es war alles sehr mittelalterlich.

Meine Mutter liebte meinen Vater nicht. Sie hat nach kurzer Zeit mit ihm Schluß gemacht. Er wurde krank vor Kummer. Als ihr Vater das erfuhr, hat er sie zu sich zitiert: »Du heiratest diesen Mann!« Da war keine Widerrede möglich.

Ich habe als Kind trotzdem das Gefühl gehabt, daß bei uns alles in Ordnung ist.

Mein Vater ist Italiener, ich bin in einer Großfamilie aufgewachsen. Da gab es meine Großmutter, meine Tante, den Bruder meines Vaters, den jüngsten Bruder meiner Mutter, Cousins, Cousinen und noch viele andere ...

Wir waren keine armen Leute. Unser Haus stand allen offen. Am Sonntag nach der Kirche – die Eltern sind später zu den Baptisten konvertiert – waren immer Freunde bei uns zu Gast. Oft sind es dreißig oder vierzig gewesen. Die Mutter hat für alle gekocht und es genossen, daß sie repräsentieren konnte. Sie hat sich in ihr Leben gefügt und das Beste daraus gemacht. Sie hatte ja keine andere Wahl. Sie stand ihrem Mann zur Verfügung und hat nie aufbegehrt. Ich glaube, sie wußte gar nicht wirklich, was sie will. Ihre Bedürfnisse hat sie erst entdeckt, als sie mit fünfundvierzig weggegangen ist. An die Geselligkeit, die vielen Kinder, kann ich mich gut erinnern. Das war sehr schön. Aber ich hatte meine Mutter nie für mich allein. Sie war ohnehin nicht besonders zärtlich. Sie war keine harte Frau, aber ich kann mich nicht an Kuscheln oder Berühren erinnern. Am Abend hat sie uns ins Bett gelegt und ist gegangen. Ihr Rücken war nach einer Bandscheibenoperation nicht mehr belastbar. Sie konnte keines ihrer Kinder heben.

In meiner Erinnerung war Mutter für uns da, obwohl sie die ersten Jahre viel gearbeitet hat – zu Hause und im Geschäft. Nach der Operation kam eine Haushälterin, die elf Jahre bei uns gelebt hat. Sie war eine spröde, verhärmte Frau. Mein kleiner Bruder meint, daß er von ihr Liebe und Zärtlichkeit bekommen hat. Ich nicht. Ich konnte mich nicht bei ihr anlehnen, konnte nie Weichheit und Wärme spüren.

Meine vier Geschwister waren Zwillingspärchen. Immer ein Junge und ein Mädchen. Ich stand allein dazwischen und habe sehr darunter gelitten, daß ich kein Zwilling bin. Ich hatte noch einen Bruder, eineinhalb Jahre jünger als ich. Er starb, als er elf Wochen alt war.

Mein Vater hat mich getröstet: »Du bist nicht allein, ich bin dein Zwilling.« Ich war noch ganz klein, aber ich wußte, daß er lügt.

Als Kind habe ich ihn viel gefragt, und er hat immer eine Antwort gewußt. Vater hat nie gesagt: »Das weiß ich nicht.« Später ist mir klargeworden, daß er mir viele Dinge erzählt, die gar nicht stimmen, daß ich ihm nie ganz trauen darf.

Meine Beziehung zu ihm war trotzdem herzlich. Ich erinnere mich noch an Santa Claus. Er sollte zu uns kommen, ich hatte Angst und bin zu meinem Vater geflüchtet. Der war sehr dick. Ich habe auf seinem Bauch gelegen und mich auf diesem Platz beschützt und geborgen gefühlt. Das ist meine letzte Erinnerung an Zärtlichkeit. Dann war es aus. Er hatte große Schwierigkeiten mit der Sexualität, als wir zu Mädchen heranwuchsen.

Mit fünfzehn wollte ich ins Internat. Ich fand es schwierig, mich gegen die Zwillinge zu behaupten. Sie waren eine starke Macht, und wenn es Krach gab, hatte ich Krach mit zweien. Sie haben sich verbündet, und ich blieb allein. Das eine Zwillingspaar war älter und mir schon deshalb überlegen. Aber auch mit den jüngeren hatte ich es schwer: Meine kleine Schwester war die Intelligenteste in der Familie. Sie war immer im Recht und wußte alles besser. Mein kleiner Bruder war unheimlich charmant. Er kam und steckte alle mit seinem Lächeln in den Sack. Er konnte sich als einziger von Mutter alles holen. Ich habe mich nie leicht getan, Menschen zu gewinnen. Ich habe mich schon als Kind dafür anstrengen müssen.

Meine Mutter fand meine Entscheidung, im Internat zu

leben, gut. Mein Vater wollte um jeden Preis, daß ich zurückkomme. Und irgendwann kam ich dann wieder nach Hause. Da ist mir zum erstenmal aufgefallen, daß es zwischen den Eltern nicht mehr stimmt. Vater wollte mich immer um sich haben, damit Mutter glaubt, ich sei seine Verbündete.

Die Spannungen zwischen den Eltern wurden immer schlimmer. Meine Mutter wurde depressiv und hatte das Gefühl, daß sie an diesem Leben kaputtgeht. Sie hat gewartet, bis meine jüngsten Geschwister selbständig waren, dann ist sie ausgezogen.

Daß sie Vater nicht geliebt hat, ihn überhaupt nicht wollte, hat Mutter mir erst erzählt, als ich schon achtzehn war. Später hat sie sich scheiden lassen. Für sie war's gut, sie hat ein neues Leben angefangen. Mein Vater war furchtbar verletzt. Ich hatte ihn noch nie so gesehen. Was sie ihm antue, sei schlimmer als Mord und Totschlag, hat er gesagt. Sie sei an allem schuld, er das Opfer. Ich habe Mühe damit, wie er mit dieser Trennung umgegangen ist.

Das Leben allein war für meine Mutter am Anfang sehr schwierig. Sie hat mich abends oft angerufen und am Telefon geweint. Ich bin dann zu ihr gegangen, und wir haben viel geredet.

Jetzt ist unsere Beziehung sehr herzlich. Jetzt ist sie jemand, der Zärtlichkeit entdeckt und braucht. Damals hat sie nichts davon verstanden und konnte mir wenig davon geben.

Ich bin ein Mensch, der es sich nicht einfach machen kann. Ich habe immer kämpfen müssen für das, was ich im Leben wollte. Schon als Kind.

Die unsichtbaren Mitspieler

Philipp

Es gibt Heilige und Huren. Die Heiligen liebt man, mit den Huren schläft man.

Das ist die unbewußte Botschaft, die Philipps Suche nach einer Beziehung, in der er Liebe und Sexualität findet, seit Jahren erschwert.

In der Kindheit war die Heilige seine Mutter. Fern jeder Leiblichkeit sind der Vater und sie ein Liebespaar. So jedenfalls sieht es Philipp: »Sex gab es nur zweimal: als sie meinen Bruder und mich gezeugt haben.«

Zwischen Eltern und Kindern gibt es kaum körperliche Nähe. Philipp darf seine schöne Mutter beobachten, »wie sie in einem weißen Büstenhalter vor dem Spiegel stand und sich ihr langes braunes Haar gebürstet hat«. Seine Sehnsucht nach Berührung wird von den Serviererinnen gestillt: »Bei ihnen durfte ich manchmal im Bett kuscheln, sie haben mich geküßt, gestreichelt und mir Wärme und Nähe gegeben.« Nähe, die für ein Kind nicht geeignet scheint: »Ich wußte, daß es verboten ist, daß ich es beichten muß.« Philipp glaubt, daß Sexualität »etwas Schlechtes ist«.

Die Mutter ist für Philipp attraktiv und verführerisch, aber er leidet unter ihrer Distanziertheit. Seine nächtlichen Ausflüge zu den Serviererinnen bleiben von ihr scheinbar unbemerkt. Es wird nicht darüber gesprochen.

Trotz der körperlichen Distanz ist er ihr »kleiner Mann«. Philipp »gehört« der Mutter. Als er später mit Freundinnen nach Hause kommt, ist sie eifersüchtig und mag keine von ihnen.

Der Vater fühlt sich für ihn wenig zuständig. Er ist dem Erstgeborenen zugewandt: »Es war zwischen den Eltern völlig klar, wer zu wem gehörte. Sie haben im Spaß oft gesagt: ›Dein Sohn hat schon wieder . . .‹«

»Ich habe mein Leben lang nie gestritten. Ich war der Feine, Zarte, Jüngere . . .« Philipp kommt mit seiner sanften, liebevollen Art gut durchs Leben: »Das war meine Masche, und ich habe sie oft genutzt.« Aber eben nur eine Masche. Er befindet sich als Kind in einem Dilemma. Seine Mutter bindet ihn an sich und benutzt ihn als ihren »kleinen Mann«, den Serviererinnen dient er als »Kuschelbär«. Das Kind muß zur Befriedigung emotionaler Bedürfnisse der Erwachsenen herhalten. Damit auch Philipp etwas bekommt, spielt er den Frauen vor, was sie sich wünschen. Er schmeichelt und ist charmant, er verbirgt seine wahren Gefühle. Sein Bedürfnis nach echter Nähe zu seiner Mutter bleibt unerfüllt. Mit der Zeit verliert er den Zugang zu dem, was er wirklich fühlt. Die Wut über die Enttäuschung, daß ihn alle für ihre Bedürfnisse mißbrauchen, bleibt verborgen.

Das oberste Gebot in seiner Familie ist Harmonie und eine nach außen heile Welt: »Auseinandersetzungen gab es nicht, und wenn sie unvermeidbar schienen, wurden sie liebevoll übertüncht.«

Als Mann findet sich Philipp im Dschungel der Beziehungen zu Frauen überhaupt nicht zurecht. Wenn er eine Frau achtet und liebt, darf er nicht mit ihr schlafen. Und so läuft er von »Seelenpartnerin« zu »Seelenpartnerin« und schei-

tert am natürlichen Bedürfnis nach körperlicher Vereinigung.

Jahrelang wählt Philipp Frauen, von denen er glaubt, daß
sie die Bedingungen der Mutter erfüllen und auf keinen Fall
erotisch sind: »Die Kategorie Hure habe ich woanders gesucht. In Nebenbeziehungen.« In der Hauptbeziehung gibt es
eine klare Grenze: »Körperlichkeit – nein!«

Wenn die Sehnsucht nach Nähe unerträglich wird, läßt er
sich für kurze Zeit wieder mit einer Frau ein, die hingebungsvoll und zärtlich ist – um ganz schnell wieder wegzulaufen,
sobald die Heilige für ihn zur Hure wird, weil sie lustvoll mit
ihm schläft.

Philipp will sich lieber nicht auf eine Beziehung festlegen:
»Oft hatte ich mehrere nebeneinander – nach dem Motto: Wenn
mir eine Frau die Liebe verweigert, dann gibt es immer noch
drei andere.« So war es in seiner Kindheit auch. Konnte die
Mutter ihm keine Nähe geben, gab es immer noch die Serviererinnen – und allen war er ausgeliefert.

Noch heute ist für ihn ganz wichtig, »die Frauen im Griff
zu haben und zu dominieren«. Er braucht diese Macht, damit
er selbst nicht benutzt wird. Und so ist es ihm bisher nicht
möglich, eine gleichberechtigte Beziehung aufzubauen.
Auch die Tatsache, daß er schon als Kind gelernt hat, seine
wahren Gefühle zu verbergen – und sie inzwischen vielleicht
selbst nicht mehr kennt –, spielt dabei eine große Rolle: »Ich
hatte keine Ahnung, was sie damit meinten, wenn sie sagten:
Du läßt wieder deinen Rolladen herunter! Tu endlich deine
Maske weg.«

Sobald Auseinandersetzungen beginnen, läuft er weg:
»Das Wort Konflikt existiert für mich nicht.«

Philipp erkennt in einer Therapie, daß seine Beziehungen
immer kürzer halten. Er hofft, daß das Leben mit zwei
Frauen in einer Wohngemeinschaft – »ohne Beziehungskiste« – für ihn einfacher sein wird.

Die Hoffnung währt nicht lange. Kaum ist Philipp eingezogen, liegt er mit Hanna im Bett. Und muß sie – um sein »Huren-und-Heiligen-Programm« zu erfüllen – bald wieder entlassen. Mit jeder glücklichen Vereinigung rückt die Trennung näher: »Ich habe gespürt, es ist gelebt, die Faszination zu Ende.«

Er wendet sich Maria zu. Mit ihr schläft er nicht: »Ich will keine Räume mehr betreten, die ich nicht füllen kann.« Sie ist jetzt seine Heilige. Es wiederholt sich damit die Situation aus seiner Kindheit: beides unter einem Dach.

Um die Beziehung mit Maria nicht zu gefährden, ersetzt Philipp unbewußt Sexualität durch verstärkte Religiosität. Doch es ist schwierig, mit einer sinnlichen Frau zu leben, ohne sie zu begehren: »Aber dann sehe ich sie nackt im Bad, spüre ihre Erotik – und erschrecke.«

Maria

Maria hatte nie die Chance, wirklich Kind zu sein. »Du bist verantwortlich für mein Glück oder Unglück« ist die Botschaft, mit der ihre Mutter sie belastet. »Und wenn du nicht entsprichst, dann bringe ich mich um.«

Sie wird mit Liebe überschüttet, gleichzeitig wird jeder eigene Impuls durch diese Erpressung unterbunden. Für Maria gibt es unbewußt nur zwei Möglichkeiten: Wenn ich eigenständig bin, nehme ich den Tod meiner Mutter in Kauf. Wenn ich mich unterordne, muß ich mich selbst aufgeben. In dieser ausweglosen Situation kann sie sich gegen den Druck, der auf ihr lastet, nur durch heimlichen Widerstand wehren. Ihr Trotz ist Marias einzige Chance, sich ein Stück der eigenen Persönlichkeit zu bewahren. Unbewußt reagiert sie auf die Unterdrückung und hat, wenn die Mutter mit ihr lernt,

Probleme beim Lesen. Diese fühlt sich provoziert, wird ungeduldig und schlägt das Kind. Maria wird zum Opfer.

»Ich hatte immer das Gefühl, ich bin die Schuldige vom Dienst.« Und wenn die Mutter in einem Migräneanfall »kotzend überm Klo hing, war vorher immer etwas mit mir, worüber sie sich aufregen mußte«.

Migräne statt Auseinandersetzung ist in ihrer Familie Tradition. Schon ihre Urgroßmutter und die Großmutter sind auf diese Weise vermutlich ihren Konflikten entkommen.

Marias Mutter hat allen Grund, sich nicht wohl zu fühlen. Der Mann, den sie gewählt hat, war nur ihr Trostpflaster nach einer schmerzlichen Beziehung. Sie will ganz sicher sein, daß ihr das nie mehr passiert, und achtet daher bei ihrer Heirat hauptsächlich auf finanzielle Sicherheit.

Und so bekommt das Kind von klein auf mit, daß Sicherheit das Wichtigste im Leben ist. In Marias Beziehung zu Philipp passiert aber das Gegenteil. Sie weiß nie, was in der nächsten Sekunde geschieht: »Der Bruch kommt wirklich plötzlich – out of the blue . . .« Eine ständige Bedrohung.

Ihre Eltern sind sehr verschieden und machen sich gegenseitig das Leben schwer. Für Maria ist unbewußt völlig klar: Auf keinen Fall dürfen Mann und Frau verschieden sein, das führt zu Problemen. So tut sie alles, um sich in ihrer Beziehung Philipp anzupassen. Selbst um den Preis, daß sie ihre eigenen Wünsche völlig unterdrückt. Eine Strategie, die schon im Umgang mit ihrer Mutter notwendig war: Es geht immer um das Wohlbefinden des anderen. Maria ist ständig überfordert.

Der Vater ist selten da. Und wenn er da ist, erlebt sie ihn als unberechenbar. Zuwendung erfährt sie hauptsächlich durch körperliche Gewalt. Auch die Mutter befiehlt ihm, die Tochter zu schlagen, und bindet Maria noch enger an sich, indem sie den Vater zum Buhmann macht.

Später wendet sich Maria dem scheinbar sanften, weiblichen Philipp zu, um sicher vor Schlägen zu sein – und erlebt durch sein willkürliches Ja oder Nein »latente Gewalttätigkeit«.

Maria kann in ihrem Elternhaus wenig Selbstwert entwickeln. Von der unzufriedenen Mutter für deren Glück und Unglück verantwortlich gemacht, kann sie nur scheitern. An des Vaters Platz gestellt, erlebt sie die nächste Frustration: Nie kann sie den Ansprüchen genügen, ständig ist sie schuldig.

»Meine Eltern haben lange geglaubt, daß ich eine Idiotin bin: geistig behindert, schwer erziehbar, verhaltensgestört.«

Und weil Maria das alles nicht ertragen kann, flüchtet sie in ihre eigene, bessere Welt: »Ich habe in einem Phantasieland gelebt . . . ich habe gewußt, ich gehöre nicht auf diese Erde.« Mit Philipp kann Maria sich weiter in anderen Welten bewegen. »Unsere Beziehung ist im Himmel beschlossen« – Religiosität statt Sexualität. Die beiden benützen die heilende Möglichkeit des Glaubens auch zur Flucht vor ihrer Realität.

Am Anfang dieser Dreierbeziehung ist Maria wieder das Opfer. Sie erträgt Hanna und Philipp als Liebespaar und lebt gegen ihre eigenen Wünsche und Bedürfnisse. Wieder fügt sie sich und bleibt, obwohl es für sie furchtbar ist. Sieht zu, wie die Beziehung der beiden in die Brüche geht, und läßt geschehen, daß Philipp ihre große Liebe wird – programmiertes Unglück.

Doch vorerst ist Maria glücklich. Sie erlebt Sternstunden und hebt mit ihrem »Seelenpartner« ab. Doch dann wünscht sie sich von der Beziehung, »daß da ein Aufbau ist«. Eine konkrete Vorstellung davon kann sie aber aus ihrer Familiengeschichte heraus nicht entwickeln. Denn sie weiß nur: Wenn ich nicht bin, wie die anderen mich wollen, dann werde ich verlassen.

Auch wenn Maria sich noch so anstrengt – es passiert dennoch. So wie damals ihre Mutter gibt ihr jetzt Philipp abwechselnd Kälte oder Wärme. Einmal stellt Yogananda auf Rot, dann wieder auf Grün. Maria ist der Spielball und läßt es sich gefallen, weil sie nichts anderes kennt und daher nicht anders kann.

Als Philipp kein tiefes Ja mehr für Maria hat, reagiert sie noch im größten Schmerz verständnisvoll. Nach dem Motto: Wenn ich mich auflehne, dann verliere ich alles.

Und so gibt sie sich mit einem kleinen Stück zufrieden. Und auch hier bestimmt Philipp, was zu tun ist: Meditation, Tantra – weggeatmete Leidenschaft.

Philipp hat nun seine »Heilige« zu Hause, mit der er nicht schläft. Was ihm zunehmend fehlt, ist eine Nebenbeziehung.

Maria erduldet auch das. Aber es nützt nichts. Es ist der Anfang vom Ende.

Es ist so wie damals. Sie wird ständig manipuliert und vom Verlassen bedroht.

Hanna

Allein bin ich nicht vollständig – ist Hannas Lebensthema. Geboren zwischen zwei Zwillingspärchen, fühlt sie sich als Einzelwesen nie komplett. »Sie waren eine starke Macht, und wenn es Krach gab, hatte ich Krach mit zweien. Sie haben sich verbündet, und ich blieb allein.«

Einmal scheint es kurz so, als könnte sich ihre Sehnsucht nach einem Verbündeten erfüllen: Ein Bruder kommt zur Welt – und stirbt elf Wochen später.

Jetzt nähert sich der Vater dem kleinen Mädchen und bietet sich an: »Du bist nicht allein, ich bin dein Zwilling.« Frustriert von einer Frau, die ihn nicht liebt, die er zur Ehe gezwungen hat, ist auch der Vater einsam in der Familie. Und versucht mit Hanna, sich seinen Wunsch nach Nähe zu erfüllen.

Das Kind versteht, daß etwas nicht stimmt: »Ich war noch ganz klein, aber ich wußte, daß er lügt.«

Aber auch ihre Mutter ist für sie nicht wirklich da. Arbeit im Geschäft, viele Gäste – die Kinder werden ins Bett gelegt und allein gelassen. Es gibt kaum Zärtlichkeit. »Sie war keine harte Frau, aber ich kann mich nicht an Kuscheln und Berühren erinnern.« Aufgezogen von einer Haushälterin, die Hanna spröde und verhärmt in Erinnerung hat, lernt sie schon früh, daß es schwierig ist, im Leben etwas zu bekommen: Ich bin auf mich allein gestellt und muß für mich selber sorgen.

Mit fünfzehn geht Hanna freiwillig ins Internat – um den dominanten Zwillingen zu entgehen, sagt sie. Aber vielleicht auch, um vor ihrem Vater zu flüchten, dem sie nie ganz trauen kann. Die Mutter findet die Entscheidung ihrer Tochter – überraschenderweise – gut.

Der Vater will um jeden Preis, daß Hanna wieder zurückkommt, und setzt sich durch. Männer bestimmen, Frauen müssen sich fügen – erfährt das Mädchen. »Vater wollte mich immer um sich haben, damit die Mutter glaubt, ich sei seine Verbündete.«

Hanna steht zwischen den Eltern und wird von beiden als Klagemauer benutzt. Die Mutter erzählt, daß sie zu dieser Ehe gezwungen wurde, und braucht ihre emotionale Unterstützung. Der Vater jammert, daß für ihn die Trennung schlimmer als Mord und Totschlag sei.

Die Eltern können ihrer Tochter wenig Unterstützung geben. Sie sind selber bedürftig und brauchen Zuwendung von ihrem Kind.

Und so glaubt Hanna unbewußt, ihre einzige Chance, Nähe und Zärtlichkeit zu bekommen, wäre ein Zwilling. Nach ihm sucht sie, ohne es zu wissen, auch als erwachsene Frau, und es wiederholen sich – selbst wenn man nur Ausschnitte aus ihrem Leben betrachtet – Erfahrungen aus der Kindheit:

1. Szene:

Hanna teilt mit einem Jugendfreund eine schöne Wohnung. Die unbewußte Sehnsucht nach einem Zwilling scheint gestillt. Doch schon nach kurzer Zeit verliebt sich ihr Wahlbruder. Und so ist es für sie wie damals: »Sie haben sich verbündet, und ich blieb allein.« Hanna zieht aus.

2. Szene:

Jetzt bietet sich eine Frau als Ergänzung an. Warum nicht? Wenn es mit einem Mann nicht klappt ... Aber auch hier nach kurzer Zeit eine Enttäuschung: Das Zusammenleben endet mit Hannas Flucht. So wie sich in ihrer Kindheit der Vater angeboten hat (»Du bist nicht allein, ich bin dein Zwilling«), bietet sich jetzt die Lesbe als Zwillingsschwester an – und hält ihr Versprechen nicht. Sie wünscht sich Hanna als Partnerin.

Wenn ich mir Nähe wünsche, werde ich ausgenutzt. Es bestätigt sich: Ich kann mich nur auf mich selbst verlassen.

3. Szene:

Als Kind ist Hanna ins Internat geflüchtet. Jetzt zieht sie in den »Adlerhorst«. Eine Wohnung allein – über den Dächern von Zürich. Und erholt sich so von ihrer anstrengenden Suche nach einem Zwilling. Sie ist unabhängig – aber bald fühlt sie sich einsam. Sie steigt wieder hinunter und beginnt erneut ihren Kampf um echte Nähe und Zärtlichkeit.

4. Szene:

Und findet eine Mitstreiterin. Maria und sie haben ein gemeinsames Ziel: neue Lebensformen in einer Wohngemeinschaft. Männer – aber keine Beziehungskiste. Zwilling gesucht! – Hannas nächster Versuch.

5. Szene:

Das Zwillingsthema spielt sich in einem Kaffeehaus ab. Philipp sitzt dort mit Hanna und Maria und wendet sich beiden gleichzeitig zu. Sie sind zu dritt. Aber es geht bereits um die Frage: Wer wird das Paar? Wer bleibt allein?

6. Szene:

Hannas Traum erfüllt sich. Der ersehnte Zwilling vereint sich mit ihr: »Wir hatten eine wunderbare Zeit. Es war für mich die intensivste Beziehung meines Lebens.« Alles scheint perfekt. Hanna genießt ihre neuentdeckte Sanftheit und läßt sich mit Philipp ein. Endlich bekommt sie die Zärtlichkeit, die Nähe, nach der sie ihr ganzes Leben lang gesucht hat.

7. Szene:

Aber nur kurz. Wenige Monate später ist der Traum zu Ende. Maria und Philipp werden ein Paar und fügen Hanna damit den größten Schmerz zu. Sie erlebt das Drama ihrer Kindheit wieder: Die anderen sind zu zweit, ich bin allein. Ich bin nicht vollständig.

Hanna gründet eine neue Wohngemeinschaft. Ihre Sehnsucht nimmt sie mit. Selbst als sie neue Möbel kauft, wählt sie eine »Zwillingseinrichtung«.

Die Paare

haben sich ınzwischen getrennt.

Philipp und Maria

bringen aus ihrer Kindheit Erfahrungen mit, die zueinander passen:

Philipp wurde als Kind benutzt und manipuliert. Er mußte die emotionalen Bedürfnisse von Mutter und Serviererinnen erfüllen. Um zu verhindern, daß es sich wiederholt, entwickelt er unbewußt die Strategie: Ich muß selbst Macht haben, damit ich nicht benutzt werde.

Er hat schon früh gelernt, daß er mit Schmeichelei und Charme Erfolg hat. Und ohne es zu bemerken, behält er die

Masche bei. Er ist ständig verfügbar, erotisch und verführerisch. Kein Wunder, daß er von sich sagt: »Ich bin ein Mann,
auf den die Frauen zugehen.«

Maria ist ein gutes Opfer. Sie glaubt in ihrem Inneren:
Wenn ich nicht bin, wie die anderen mich wollen, dann
werde ich verlassen. Sie kann den Tod der Beziehung nicht
riskieren, so wie sie schon als Kind den Tod der Mutter nicht
auf sich laden wollte. Und so tut sie alles, was Philipp
will.

Beide haben sich nie erlauben können, die Wut über ihre
Kindheitsverletzungen zu zeigen. Und auch in der Beziehung
ist Harmonie wichtiger als Auseinandersetzung.

Die Willkür, der sich Maria ausgesetzt fühlt, wenn Yogananda durch Philipp ja und nein sagt, kennt sie nur zu gut
von zu Hause. Mit Liebe überschüttet, mit Selbstmord erpreßt, den unberechenbaren Schlägen des Vaters ausgesetzt,
ist es Maria gewohnt, ihre wahren Gefühle zu verbergen. Das
gibt Philipp die Möglichkeit, in dieser Beziehung zu bleiben:
»Ich bin den Frauen, die sich getraut haben, ihre Gefühle zu
zeigen, immer weggelaufen.«

In beiden Familien scheint Sexualität nicht erwünscht zu
sein: Marias Mutter macht sie schlecht, Philipp erlebt sie
getrennt von Liebe und glaubt daher, daß Sex »etwas Gemeines« ist.

»Für mich wiederholt sich, daß Spiritualität zerstört
wird, wenn ich mich mit einem Menschen sexuell verbinde.« Marias Überzeugung paßt perfekt ins »Heiligen-und-
Huren-Programm« von Philipp. Denn auch für ihn gilt, daß
er mit einer Frau nicht schlafen darf, wenn er sie liebt. Und
so bemühen sich beide, die Beziehung durch Verzicht zu
erhalten: »Wenn das Knistern zwischen uns übermächtig
wurde, haben wir die Erregung gemeinsam durchgeatmet.«

Maria und Philipp können gut miteinander »abheben«. Die

Verbindung mit dem »Größeren« verhindert aber auch, daß sie sich der Realität ihrer Beziehung stellen.

Beide haben Angst, sich wirklich aufeinander einzulassen.

Philipp und Hanna

haben ebenfalls sich ergänzende Muster aus ihrer Kindheit mitgebracht. Hanna ist für seine verführerische Art leicht erreichbar, weil sie ständig nach ihrem Zwilling sucht, der sie vollständig machen soll. Philipp, sein Leben lang darin geübt, sich unbewußt anzubieten und die emotionalen Bedürfnisse anderer zu erfüllen, vermittelt ihr das Gefühl: Ich bin es, der dir alles geben kann, wonach du dich sehnst.

Ein Versprechen, das Philipp nicht halten kann. Es ist für ihn äußerst schwierig, sich auf eine Beziehung zu fixieren.

Für Hanna wiederholt sich die Erfahrung, daß sie Versprechungen nicht trauen kann. Auch der Vater hat gelogen und sich ihr als Zwilling angeboten.

Hanna hat in ihrem Elternhaus erlebt, daß der Mann bestimmt und die Frau sich fügt. So läßt auch sie sich von Philipp viel gefallen. Er bricht plötzlich die Beziehung ab, erklärt sich aber auf ihr Drängen einverstanden, die Krise gemeinsam zu bewältigen – und hält auch dieses Versprechen nicht ein: »Im nachhinein habe ich gemerkt, daß er zur Klärung nichts beigetragen hat.«

Und obwohl Philipp erklärt, daß er sie nicht mehr liebt, geht Hanna weiterhin mit ihm ins Bett. Ein Muster, das sich wiederholt. Auch bei ihren Eltern war die Liebe einseitig – und trotzdem gehen sie miteinander ins Bett und zeugen fünf Kinder miteinander.

Es scheint paradox. Hanna und Philipp wünschen sich beide echte Nähe und Zärtlichkeit. Und obwohl beide dasselbe wollen, scheitern sie am Versuch, sich gegenseitig ihre größte Sehnsucht zu erfüllen.

Wege aus der Krise

Philipp,

immer noch im Machtfeld seiner Mutter, fehlt die notwendige Loslösung von ihr, um zum Mann zu reifen. Er lebt hauptsächlich seine weibliche Seite: »Ich war der Feine, Zarte, Jüngere, ich gehörte der Mutter.« Und so scheint es immer noch zu sein. Erst wenn Philipp seiner Mutter entsagen kann, wenn er die »Heilige« entlassen kann, wird er frei für eine Beziehung.

Er hatte bisher keine Chance, sich mit seinem Vater zu identifizieren. Um wirklich sein Mannsein zu leben, muß Philipp sich vom »kleinen Mann« der Mutter zum Sohn des Vaters wandeln. Erst dann wird er für eine Frau ein wirklicher Partner sein.

Philipp kann bis jetzt keine gleichberechtigte Beziehung eingehen, weil er unbewußt ständig in der Angst lebt, daß er dann wieder manipuliert und benützt wird. Es könnte hilfreich sein, wenn er erkennt, daß er – um sich zu schützen – selbst Macht ausübt. Daß er seinen Charme und seine einladende Art einsetzt, damit er die Frauen »im Griff« hat.

Vielleicht kann er dann eine Beziehung erleben, in der niemand sich durch Macht schützen muß. In der Mann und Frau sich einander in Liebe begegnen können.

Für Philipp wäre es wichtig, daß er auch seine anderen Gefühle kennenlernt, die er schon seit seiner Kindheit unterdrücken muß: den Zorn, die Wut, die Enttäuschung . . .

Noch ist sein Weg zu Gott manchmal auch Fluchtweg aus der Realität seiner Beziehungsschwierigkeiten.

Maria

erlebt sich ständig als Opfer. In ihrer Kindheit hat die Mutter ihr die Schuld für ihr Unglück aufgeladen. Heute wiederholt

Maria, was sie damals gelernt hat. Sie macht andere dafür verantwortlich, wenn sie leidet.

Doch solange sie den Grund für ihr Scheitern bei anderen sucht, und sich nicht selbst für ihr Handeln verantwortlich fühlt, bleibt die Welt voller Hindernisse. Denn die anderen kann sie nicht verändern – nur sich selbst. Übernimmt Maria die Verantwortung für ihr eigenes Leben, ist der Lohn dafür ein neues Selbstbewußtsein – die Freiheit, eine gleichberechtigte Beziehung einzugehen, fern jeder Opferrolle.

Ein neues Selbstbewußtsein bringt auch die Möglichkeit mit sich, das Bild der »Idiotin«, das Maria von ihren Eltern mitbekommen hat, zu verändern.

Günstig für ihre Entwicklung wäre es auch, wenn Maria noch mehr mit ihrer Wut in Kontakt käme. Es kostet sie viel Energie, die negativen Gefühle ständig zu unterdrücken.

Vielleicht kann sie auf dem Weg zu ihrer Heilung den subtilen Widerstand aufgeben, der in ihrer Kindheit notwendig war, um ihre Persönlichkeit zu bewahren.

Der erste Schritt aus der Opferrolle ist schon vollzogen. Maria hat sich wenige Wochen nach dem Interview von Philipp getrennt.

Hanna

So wie Hanna die Suche nach ihrem Zwilling bisher unbewußt inszeniert hat, inszeniert sie auch den Beginn der Heilung von ihrem Schmerz darüber, daß sie sich verlassen und nicht vollständig fühlt.

Unbewußt fällt ihre Wahl dabei auf einen Mann, mit dem sie ihr Kindheitsdrama neu erleben wird. Und – sie trägt, ohne es zu wissen, alles dazu bei, daß es geschehen kann:

– Sie ist glücklich mit Philipp und besteht trotzdem darauf, daß Maria, die eigentlich nicht mehr will, einzieht. »Mir war es wichtig, daß sie bleibt.« So kreiert sie wieder ein Leben zu dritt.

– Die Zeit mit Maria ist furchtbar, trotzdem zieht Hanna mit Philipp nicht aus. Sie hält an der Situation zu dritt fest.
– Philipp verläßt Hanna. Sie bleiben trotzdem alle in der Wohngemeinschaft.
– Hanna kündigt an, auswärts zu schlafen, kommt unvermutet zurück und entdeckt so Philipp und Maria als neues Paar.
– Sie ist jetzt wieder allein, die anderen sind zu zweit. Hanna erlebt das Drama ihrer Kindheit aufs neue.

Der Schmerz trifft sie mit voller Wucht: »Ich habe wochenlang geweint. Allein. Ich hatte das Gefühl, als müsse ich auch vieles aus meiner Kindheit nachholen.«

Durch das Zusammenspiel mit dem unbewußt gewählten Partner kommt Hanna an ihren tiefsten Schmerz. Sie merkt, daß sie kein Kind mehr ist, daß sie sich als erwachsene Frau zu helfen weiß. Die innere Überzeugung aus Kindertagen – ich bin auf mich allein gestellt und muß für mich selber sorgen – relativiert sich. »Ich habe mir Unterstützung geholt: Von meiner Mutter, von Freunden, sogar das Hebammenteam im Krankenhaus war für mich da.«

Hanna erlebt zum erstenmal, daß es doch nicht so schwierig sein muß, etwas zu bekommen. Sie fühlt sich gestärkt.

Der Verlust eines »Zwillings« bringt sie nicht um. Das ermöglicht ihr eine neue Perspektive: »Ich habe früher einiges dazu getan, daß mir die Männer nicht zu nahe kommen, damit sie mir nicht weh tun. Jetzt weiß ich, daß eine Beziehung mich nicht zerstören kann. Ich tauche tief ein, aber ich tauche auch wieder auf.«

Diese Erfahrung könnte ihr in einer neuen Beziehung ermöglichen, die ersehnte Nähe und Zärtlichkeit für längere Zeit zu finden. Ein neues Vertrauen wächst in Hanna. »Ich bin beziehungsfähig. Ich werde wieder fliegen.«

Julia und ihre Mitspieler – Eine Familienrekonstruktion

Dieser Text ist nach einer wahren Begebenheit entstanden. Mein tiefer Dank gilt Julia, ihren Mitspielern und den beiden Familientherapeuten Alois Saurugg und Helene Hornich, die mir ermöglicht haben, diese Familienrekonstruktion zu dokumentieren.

Die unsichtbaren Mitspieler ziehen mich in ihren Bann. Es ist ein Sog, der süchtig macht, nach noch mehr Wissen, noch mehr Tiefe. Kaum ist eine Schicht angekratzt, erscheint darunter schon die nächste.

Die Fragen meiner Experten bereiten mir schlaflose Nächte. Wie ist es den Eltern, Großeltern und Urgroßeltern dieser Frauen und Männer ergangen? Gibt es Familienwerte, die heimlich weiterwirken? Fragen, auf die ich keine Antwort weiß.

Ich möchte sofort wieder meine Koffer packen und landauf, landab die Paare noch einmal befragen, nach der Geschichte ihrer Ahnen forschen. »Das wird kaum gelingen«, lacht Alois Saurugg, Familientherapeut und einer meiner Berater. »Die unsichtbaren Mitspieler sind oft nicht einmal für die Menschen faßbar, in deren Leben sie Bedeutung haben!«

»Komm doch im Sommer zu einer Familienrekonstruktion. Dort spielen Frauen und Männer neun Tage lang füreinander Szenen aus der eigenen Familiengeschichte. Dort kannst du alles erleben: wie unsere Ahnen uns beeinflussen, wie geheime Botschaften unbewußt über Generationen weitergegeben werden . . .«

»Ich habe keine Zeit, neun Tage an einem Schauspiel teilzunehmen. Mein Buch muß fertig werden.«

»Es ist das Beste, was du deinen Lesern geben kannst!«

Ein Satz, ganz leicht gesagt, ein Sprung, ganz leicht gewagt. Was soll es mich schon kosten außer Zeit und Geld? Ich weiß noch nicht, daß das größte Abenteuer mich erst erwartet, daß alles, was ich bisher über die unsichtbaren Mitspieler weiß, nur die Spitze eines Eisberges ist.

Am Tag vor dem Seminar baue ich im Hotelzimmer mein Büro auf. Laptop, Drucker, viel Papier. Der Wirt lächelt milde, wissend. »Sie werden keine Zeit haben mitzuschreiben, es passiert zuviel!«

Für neun Tage vergesse ich jede Arbeitsdisziplin. Werde von der Chronistin zur Teilnehmerin.

Sie sitzen im Kreis.
Julia fängt ihre Beobachtungen bei den Füßen an. Zehn Paar nackte Füße auf einem honiggelben Holzboden.

Sie schließt für einen Moment ihre Augen und denkt an Franz, der nicht gekommen ist. Julia kann ihm nichts vorwerfen. Er weiß nicht einmal, daß sie hier ist. Beim letzten Managementtraining hat er so nebenbei erwähnt: »Im Sommer bin ich bei einer Familienrekonstruktion.« Und weil Julia ihn wiedersehen wollte, war sie auf die Idee gekommen, dem Schicksal etwas nachzuhelfen. Neun Tage mit Franz . . . Und jetzt sitzt sie unter Fremden. Allein!

Die Stimme des Trainers reißt sie aus ihren Gedanken. Jeder soll seinen Namen und sein Motiv für dieses Seminar nennen. Julia hat keins – außer Franz und ihre Lust auf Abenteuer. Aber das wagt sie nicht zu sagen. Sie hat keine Ahnung von Familienrekonstruktion, sie weiß nur, daß es um Rollenspiele geht. »Geh in den Kirchenchor, da kannst du auch Theater spielen« war Großmutters Rat gewesen, als Julia Schauspielerin werden wollte. Jetzt würde sie endlich in fremde Rollen schlüpfen. So jedenfalls hatte sie das Programm verstanden.

Da trafen sich elf Menschen – weil Franz zum geplanten Dutzend fehlte –, um unter der Anleitung der beiden Therapeuten füreinander Mütter, Väter, Geschwister, Großmütter und Großväter zu spielen.

Doch wie sollte das funktionieren? Wie sollte ein wildfremder Mann die Sätze ihres Vaters sprechen? Wie konnte sie die richtigen Worte als Mutter oder Schwester finden? Was, wenn sie etwas völlig Unpassendes sagte?

Eine weiche, dunkle Stimme holt sie zurück in den Kreis: »Ich bin hier, um meinen Platz als Frau zu finden.« Julias Aufmerksamkeit richtet sich auf Klara, deren Namen sie sich als einzigen gemerkt hat. Alles an ihr ist üppig und rund. Wenn sie so ruhig dasitzt, erinnert sie an einen zufriedenen, abgeklärten Buddha. Aber sobald Klara spricht, verschwindet die Weichheit unter der Anspannung. Sie sieht aus wie ich auf meinen Kinderfotos, denkt Julia. Mit diesem braunen Pagenkopf, den großen braunen Augen, ein bißchen zu pummelig . . . Sie soll mich spielen!

Alle nennen sich beim Vornamen. Während die anderen sprechen, versucht Julia die Gruppe zu beobachten. Wen soll sie als ihren Vater wählen? Fünf Männer stehen zur Wahl. Auf keinen Fall kam dieser Erotische mit den graumelierten Haaren und dem einladenden, sanften Blick in Frage. Ein Strenger, Harter mußte es sein. Ihre Augen bleiben an einem Mann mit schmalen Lippen und steifem Rücken hängen. Alles an ihm ist ordentlich. Die blonden Haare streng gescheitelt und

kurz im Nacken, die blaue Jeans frisch gebügelt, die Zehen-
nägel rund gefeilt. Als er an der Reihe ist, fühlt sich Julia in
ihrer Auswahl bestätigt. Ernst spricht mit klarer, harter
Stimme fast wie ein Computer sein Anliegen aus. »Was hat
mein Leben für einen Sinn?« Sein bester Freund ist vor ein
paar Wochen gestorben – herausgerissen aus einem Alltag
voller Arbeit und Verpflichtungen.

Was hat mein Leben für einen Sinn?

Julia nahm sich selten Zeit, darüber nachzudenken. Einer
ihrer Liebhaber hatte einmal gesagt: »Wenn man mit dir leben will, muß man dir immer nachlaufen.« Getrieben von
einer seltsamen Unruhe, war sie schon wieder unterwegs zu
neuen Reizen, noch bevor sich Routine einschlich. In Wahrheit hatte sie nie innegehalten. Ihr Motor lief ständig auf
Hochtouren, die Stille machte ihr angst. Gutaussehend, er-
folgreich, dynamisch. Unruhig, von Zweifeln geplagt, einsam. Aber waren das nicht alle?

Als die Frau mit dem urwüchsigen Tiroler Dialekt über
ihre Wünsche spricht, weiß Julia sofort: Sie ist wie meine
Mutter. Fröhlich, unkompliziert, positiv. Auch die Optik
stimmt. Mit einer Ausnahme: Sie hat blaue, fast runde Augen.
Mutters Augen, in tausend Lachfältchen eingebettet, waren
mandelförmig, von einem fast schwarzen Braun.

Julia notiert sich den Namen der Frau, als die Trainerin
sagt:

»Und versucht nicht, euch vorzustellen, wer eure Famili-
enmitglieder sein sollen. Ich kann euch versprechen, es
kommt alles ganz anders.«

Ich will aber, daß sie meine Mutter spielt, denkt Julia
bockig. Und beschließt, Elisabeth in der nächsten Pause
darum zu bitten.

In ihren Widerstand hinein sagt Alois, der Trainer: »Stellt
euch vor, jemand aus eurer wirklichen Familie kommt und
erzählt den anderen in der Gruppe, wer ihr seid.«

Julia kann es nicht verhindern. In ihrer Phantasie steht sofort Mutter hinter ihr. Nein. Sie will nicht, daß ihre Mutter sie vorstellt. Sie würde ein Bild von ihr zeichnen, das Julia den anderen nicht zeigen mochte. »Du bist mein Sorgenkind«, würde sie sagen. Und die ganze Schwere von Julias Leben ausbreiten. Eine Schwere, die Julia selbst nicht fühlen konnte.

»Mutter, geh weg, ich will nicht, daß du für mich sprichst.« Aber die Mutter bleibt und stellt sich unsichtbar hinter ihren Sessel. Julia zögert den Augenblick ihrer Vorstellung hinaus.

Großeltern, Mütter, Väter, Schwestern und Brüder. Alle waren sie dagewesen und hatten bewegende Reden gehalten. Jede und jeder im Kreis hatte sich hinter den eigenen Sessel gestellt und einem unsichtbaren Menschen die Stimme geliehen.

Als Julia aufstehen muß, um der Mutter ihre Stimme zu leihen, bricht sie in Tränen aus.

Die Mutter sagt – und ihre ersten Sätze werden fast von dem Schluchzen erstickt –:

»Ich bin traurig, daß Julia nicht will, daß ich für sie spreche. Ich liebe sie, und ich will ihr Bestes. Aber es stimmt, sie ist mein Sorgenkind. Ich kann ihr nicht glauben, daß sie fröhlich und glücklich ist. Ich spüre, daß sie es schwer hat. Ich habe Angst, daß sie einmal unter ihren Lasten zusammenbricht. Ich weiß, wovon ich spreche. Ich war auch immer nach außen so fröhlich und glücklich. Ich habe nie jemandem gezeigt, wie es in mir wirklich aussieht.«

»Und was wünschst du deiner Tochter für diese neun Tage?« fragt Helene, die Trainerin.

»Ich wünsche ihr, daß sie sich erholt und Kraft sammelt.« Julia schämt sich, daß sie als ihre Mutter geweint hat – vor diesen fremden Menschen, deren mitfühlende Blicke sie kaum ertragen kann.

* * *

Die Fremdheit ist verschwunden. Manchmal denkt Julia noch an Franz. Sein Sessel bleibt leer und wird in den ersten zwei Tagen auch nicht weggeräumt. »Wenn jemand in einer Gruppe fehlt, dann verändert es die Energie der ganzen Gemeinschaft«, sagt Alois, der Trainer. »Und so ist es auch in Familien. Personen, die totgeschwiegen oder nicht gewürdigt werden, stören das Gleichgewicht. Ob es abgetriebene Kinder, früh verstorbene Geschwister, unbekannte Väter oder verlassene Partner sind – wenn sie nicht ihren Platz bekommen, kann auch jeder von euch nicht an seinem richtigen Platz stehen.«

Julia denkt an die Zwillinge. Mutter hatte sie bald nach der Geburt verloren. Wochenlang hatten sie im Brutkasten gelegen – unberührbar. Als Julia von einem Experiment in Südamerika hörte, in dem Frühgeborene am Körper der Mutter häufiger überlebt hatten als in der Kunstwärme, waren ihr nach langen Jahren die Zwillinge wieder eingefallen. Ob sie noch am Leben wären, wenn Mutter sich damals durchgesetzt hätte? Sie wollte sie mit nach Hause nehmen, die Ärzte hatten es ihr nicht erlaubt. Sie waren einsam, voneinander getrennt, in ihren geheizten Glaskästen gestorben. Mutter war monatelang nicht ansprechbar. Halb wahnsinnig vor Schmerz.

Julia wußte davon nur aus Erzählungen von Tante Ilse. Ihre Eltern hatten nie darüber gesprochen. Einmal im Jahr – zu Allerseelen – wurden die Zwillinge erwähnt. »Laßt uns auch für Harald und Wilfried beten«, hatte Vater am Friedhof immer gesagt. »Sie sind gestorben, als ihr noch nicht geboren wart.« Julia dachte jedesmal mit Schaudern an den kleinen, weiß lackierten Sarg mit dem fremden Kind, den sie bei einem ihrer heimlichen Besuche in der Aufbahrungshalle gesehen hatte. Sie liebte die Zeit um Allerheiligen, wenn es gebratene Kastanien und süßen Most gab und sie mit der Mutter das Grab schmücken durfte. Kaum waren die dunkelroten Erika entlang der Randsteine eingesetzt, lief sie mit der Gießkanne zur Wasserstelle und machte mit klopfendem Herzen einen Umweg zur kleinen Kapelle. Dort warteten die Toten, bis man sie zur »ewigen Ruhe« begleitete. Julia wußte, daß in der »ewigen Ruhe« Gott die guten Menschen am Himmelstor empfängt. Ihre beiden Brüder waren auf jeden Fall dort. Sie hatten ja gar keine Gelegenheit gehabt, zu lügen oder am Karfreitag Eis zu essen. Was sie selbst betraf, so war ziemlich klar, daß sie zuerst ins Fegefeuer mußte. Gemeinsam mit ihrer Schwester Lena, die Anführerin bei allen Streichen war.

Ihre ältere Schwester Lena wurde ein Jahr nach den Brüdern geboren. Und dann war Julia gekommen. Nur elf Monate später!

»Der Doktor Sauter ist schuld daran, er hat mir gesagt, daß ich nicht wieder schwanger werden kann, solange ich noch stille . . .«

Ich bin nicht die Zweitgeborene! Julia ist verwirrt. Wenn sie ihre verstorbenen Geschwister mitzählte, war sie das vierte Kind in der Reihe. Aber was machte es für einen Unterschied? Warum sollte sie in ihrer Familie deswegen an einem falschen Platz stehen? Sie hatte die beiden ja nicht einmal gekannt.

In den ersten Tagen scheint es Julia, als ob die beiden Therapeuten ihr immer wieder neue Stücke eines Puzzles zeigten, das sich noch nicht zu einem Ganzen zusammenfügen ließ.

* * *

Die Schande kommt überraschend. »Ich wünsche mir, daß ihr heute nachmittag euren Stammbaum mitbringt, damit wir eure Familien kennenlernen können«, sagt Alois am dritten Tag.

Julia hatte die Grafik, die ihre Familie bis zu den Urgroßeltern zurück darstellen sollte, noch immer nicht gezeichnet.
Der Brief mit der Liste zur Vorbereitung des Seminars war
wochenlang in der Ablage ihres Schreibtischs immer weiter
nach unten gerutscht. In letzter Minute hatte sie widerwillig
angefangen, in der Vergangenheit zu forschen. Hatte die Eltern und Tante Ilse nach der Geschichte ihrer Ahnen gefragt
und die magere Ausbeute der halbherzigen Recherchen zu
Papier gebracht. Zwei Fotos und ein paar Seiten Notizen war
alles, was sie herzeigen konnte.

Sie kannte das Gefühl in der Magengrube seit ihrer Schulzeit: dieses heiße Pochen, wenn sich alles in ihr zusammen-
krampfte, weil sie das Matheheft schon wieder vergessen
hatte und Fräulein Libscher sie dafür anschreien würde.

Die Fotos und die Notizen waren weg. Einfach verschwunden. Julia durchsuchte das Hotelzimmer. Sie konnte es nicht
glauben. Sie war sicher, daß sie den großen, orangefarbenen
Briefumschlag in ihre Reisetasche gepackt hatte. Ganz nach
unten, damit die Fotos nicht zerknittern . . .

Als sie in den Therapieraum kommt, haben die anderen
ihre Schätze schon ausgebreitet. Stammbäume von einer
Pracht, die Julias Versagen noch deutlicher machen. Ganze
Kisten mit Fotos stehen daneben oder liegen geordnet rund-
um.

Julia spürt, wie die Tränen langsam in ihr hochsteigen, und
legt einen Bogen weißes Packpapier und einen pinkfarbenen
Filzstift auf den Boden. Das war alles, was sie hatte. Pink ist
ihre Lieblingsfarbe. Mit hängendem Kopf steht sie da und
würde am liebsten im Boden versinken.

Die Trainerin legt tröstend eine Hand auf ihre Schulter. Es
ist, als ob die Berührung eine Schleuse öffnete. Julia stürzt
sich wie ein verlassenes Kind in Helenes Arme und heult
endlich los.

»Es ist kein Zufall, daß du als einzige mit leeren Händen

dastehst. Es muß in deiner Familie eine geheime Botschaft geben, die lautet: Was in der Familie geschieht, darf nicht nach außen dringen. Diese Botschaft ist so stark, daß du gezwungen warst, dich daran zu halten.«

Als Julia Tante Ilse nach Wahlsprüchen ihres Großvaters fragte, hatte sie, ohne eine Sekunde nachzudenken, geantwortet: »Was hinter unseren Gardinen passiert, bleibt unter uns. Wir Gerlachs halten zusammen.«

War diese Botschaft auf geheimnisvolle Weise so in sie eingedrungen, daß sie jetzt mit leeren Händen dastehen mußte? Ihr letzter Besuch daheim bei den Eltern bekam plötzlich eine neue Bedeutung. An dem Tag, an dem Julia mit ihnen über die Familiengeschichte sprechen wollte, waren sie sehr beschäftigt gewesen. Vater mußte dringend einen Geschäftsfreund treffen – obwohl er längst pensioniert war. Mutter rutschte ungeduldig auf der alten Bauernstubenbank hin und her, lief immer wieder in die Küche und fragte nach jedem Satz, den Julia sich aufschrieb, was sie denn noch alles wissen wolle. Viele Male sagte sie: »Frag doch Tante Ilse. Die weiß alles.« Aber auch die Tante war nicht gesprächig: »Ich kann dir versichern, du warst ein sehr glückliches Kind. Wozu in der Vergangenheit wühlen?«

Julia durfte nur zwei Familienfotos mitnehmen: »Es gibt ganz wenige, die meisten sind im Krieg verbrannt. Du wirst sie verlieren, und wir sehen sie nie wieder.« Später, als sie am Telefon dem Vater weinend Vorwürfe machte, nachdem sie die Schätze der anderen gesehen hatte, hatte er sich gewehrt: »Ich habe dir die Fotos nicht verweigert, das war deine Mutter. Aber so ist es immer. Sie ist die Gute, und ich bin der Böse.«

* * *

»Die Mythen und geheimen Botschaften, die wir aus unserer Kindheit mitbringen«, sagt Alois am nächsten Tag, »bestimmen oft unser Leben, ohne daß wir es ahnen.«

Vor Julia taucht in Großbuchstaben der Satz auf: »Du wirst die Fotos verlieren, und wir sehen sie nie wieder.«

»Ich bin für meine Eltern eine sprunghafte Chaotin. Eine, die nur durch Zufall überlebt und immer wieder auf die Butterseite fällt, wie Vater bei jeder Gelegenheit zu sagen pflegt.«

Julia hatte diese Rolle immer willig übernommen. Aber was hatte ihr Leben mit Chaos zu tun? Sie verdiente genug Geld, hatte eine schöne Wohnung, sie erzog ihre Kinder genauso gut wie viele andere alleinerziehende Mütter . . .

Gut, ihr Privatleben war in den Augen der Eltern ungeordnet. Aber war denn deren scheinbar heile Ehe, die sie nach außen zeigten, erstrebenswert? Als Kind hatte Julia auf der Suche nach einem Malheft Mutters Tagebuch gefunden. Sie hatte es nicht mehr weglegen können und Seite um Seite mitgelitten. Es war ein Schock! Von diesem Tag an lebte sie ständig in der Furcht, daß sie morgen vielleicht keine Familie mehr haben könnte. Erst nach Vaters Rede anläßlich der silbernen Hochzeit war zum unpassendsten Augenblick alles aus ihr herausgebrochen: »Wie kannst du es wagen, uns solche Lügen aufzutischen über diese Ehe, an der wir uns alle ein Vorbild nehmen sollen? Du hast Mutter jahrelang betrogen. Sie ist bei dir geblieben, weil sie mit drei kleinen Kindern keine andere Wahl hatte.«

Gab es auch für ihre Generation eine Botschaft, die im geheimen wirkte? Ihr Bruder Jonathan war geschieden, Lena und sie selbst lebten schon seit Jahren getrennt von ihren Partnern . . .

Julia wußte, daß ihr Großvater sehr darunter gelitten hatte, daß er seinen Vater nicht gekannt hat. Kein Wunder, daß er seinen Töchtern predigte: »Bevor ihr euch mit einem

Mann einläßt, prüft, ob er sich für die Ehe eignet. Ein Kind hat ein Recht auf seinen Vater!« Für Mutter wäre eine Scheidung undenkbar gewesen.

Mußten sie und ihre Geschwister das Gegenteil leben? »Auch wenn ihr konträr zu euren Eltern handelt, ist es eine Wiederholung der Familiengeschichte, eine Reaktion auf die Vergangenheit«, hatte Alois gesagt.

Oder wenn sie an Mutters Lieblingsausspruch dachte, der noch immer in ihren Ohren klang: »Deine Schwester kann rechnen, du kannst singen.« Gehörte auch das zu den Legenden? Wahrscheinlich. Jetzt noch, als erwachsene Frauen, waren Lena und sie ihren Rollen treu: Die »Intellektuelle« und die »Charmante«. Und wenn es darum ging, wem man die Theaterkarten für die Eltern anvertrauen konnte, war völlig klar, daß die Wahl nicht auf Julia fiel, weil sie »so vergeßlich und unzuverlässig« war.

Helene hatte sie gestern nachdenklich gestimmt: »Schau dir den Wert der Frauen in deiner Familie an« war ihre Antwort auf Julias Bemerkung gewesen: »Ich vertraue mich Frauen nur ungern an.«

Plötzlich sah sie ihre Mutter vor sich. In ihrem weißen Arbeitsmantel, der am Abend immer fleckig war von der fetten Leberwurst und den Liptauersemmeln. Mutter hatte nie etwas zu sagen gehabt. Die Schwiegermutter hatte im taubengrauen, eleganten Seidenkleid bis zu ihrem Tod wie eine Königin an der Kasse gesessen. Der Name »Feinkost Berger« wurde mit ihr und ihrem Sohn verbunden. Mutter hatte auch nach der Hochzeit ihren Status als Lehrmädchen nicht überwinden können. Eine »Gerlach« war nicht gut genug für die reiche Geschäftsfrau. »Diese arme Musikertochter mußt du dir nehmen«, hatte die Schwiegermutter verächtlich gezischt und ihre Schikanen verschärft.

Aber warum war sie überhaupt Lehrmädchen in einem

Feinkostladen geworden? Ihre Brüder hatten alle studieren dürfen.

Julia erkennt zum erstenmal in ihrem Leben, daß ihre Mutter als Frau immer entwertet worden war. Von ihrem Vater, der nur für die Ausbildung der männlichen Nachkommen gesorgt hatte, von ihrem Mann, der seiner Mutter erlaubt hatte, sie zu demütigen.

»Frauen sind nichts wert« mußte die geheime Botschaft lauten.

Auch sie selbst hatte nicht studieren dürfen. »Ein Mädchen braucht eine Hauswirtschaftsschule« war Vaters Dogma. Daß sie heute im Management saß, verdankte sie ihrem eisernen Willen und der Abendschule.

* * *

In den langen Mittagspausen streift Julia ziellos durch den Wald und versucht vergeblich, in ihrem Kopf immer neue Erkenntnisse über ihr Familiensystem zu ordnen.

»Wir übernehmen schon als Babys unbewußt die Aufträge unserer Eltern. ›Sei ein Sohn‹ ist eine der häufigsten Geheimbotschaften, mit der Mädchen geboren werden.«

Julia sieht noch die kurze blaue Hose aus verwaschenem Leinenstoff vor sich. Wenn sie zerschlissen war, kaufte Mutter eine neue. »Du hast dich immer geweigert, Kleidchen zu tragen ...«

Sie konnte sich noch genau an die Qual ihres ersten Rocks erinnern. Mutters Schneiderin hatte ihn aus einem kratzenden, schwarzweiß karierten Wollstoff genäht. Julia mußte ihn bei besonderen Gelegenheiten zu einer weißen Rüschenbluse mit engem Kragen tragen. Noch heute fühlt sie sich in Hosenanzügen wohler.

Die beiden erstgeborenen Brüder waren tot. Dann kam Lena. War ihre ältere Schwester als Sohn erwartet worden?

»Vermutlich nicht«, meint Alois nachdenklich. »Sie hatte einen anderen Auftrag zu erfüllen: Sei gesund und stark. Deine Eltern hatten wahrscheinlich schon während der Schwangerschaft nur diesen einen Wunsch an sie.«

Julia erinnert sich an ein Gespräch zwischen Lena und Mutter: »Erzähl mir, wie war meine Geburt?«

»Ich kann mich nicht mehr erinnern. Ich weiß nur noch, daß ich die Hebamme gefragt habe: Ist das Kind gesund? Ihr ›Ja‹ war der schönste Augenblick in meinem Leben ...«

Julia erschrickt: Ich trage die geheime Sohnbotschaft in mir. Und ich habe sie bereits an meine Tochter weitergegeben. Christina war jetzt siebzehn. Noch immer weigerte sie sich standhaft, ein Kleid oder einen Rock zu tragen. Inzwischen hatte Julia es aufgegeben, sie bei ihren Einkäufen zu begleiten. »Davon verstehst du nichts, Mutter« war die Antwort auf ihre Beschwerden über Jeans und noch einmal Jeans.

Julia war in der Schwangerschaft so sicher gewesen, einen Sohn zur Welt zu bringen, daß Christina ihre erste Lebenswoche namenlos verbringen mußte. Sascha und sie hatten sich keinen einzigen Mädchennamen überlegt.

Sascha.

Sie hatte ihren Mann für seinen Charme und seine Toleranz geliebt. Bis sie bemerkte, daß seine Großzügigkeit Unverbindlichkeit war, daß sie sich beide auf eine Beziehung nicht einlassen konnten, waren sieben Jahre vergangen. Die Kinder lebten bei ihr.

Alois' Satz kommt ihr in den Sinn:

»Eltern, die in ihrer Kindheit nicht genug Zuwendung bekommen, wissen nicht, was das ist. Sie können daher auch ihren Kindern keine echte Liebe zeigen. Wenn sie versuchen zu geben, dann nehmen sie meistens, weil sie selbst so bedürftig sind. Ihre Kinder entscheiden sich dann oft schon als Babys, einfach nichts zu brauchen. Sie verschließen sich vor Gefühlen, damit sie dadurch nicht mißbraucht werden.«

Ihr Mann Sascha war der Lebensinhalt seiner Mutter. Und ist es noch immer. Sein Vater hatte ihn gezeugt und ihm nur aus Anstand seinen Namen gegeben. Er lebte schon mit der nächsten Frau, als sein Sohn geboren wurde. Sascha mußte den Platz seines Vaters einnehmen.

In den Jahren ihrer Ehe hatte Julia mit der Schwiegermutter einen nie endenden Kampf um Saschas Gunst auszufechten, der regelmäßig am Weihnachtsabend oder spätestens in der Silvesternacht eskalierte. »Du benimmst dich nicht wie seine Mutter, sondern wie seine Geliebte«, hatte Julia sie bei einer dieser Gelegenheiten angeschrien.

Jetzt, wo Sascha und sie getrennt waren, kämpfte die Schwiegermutter gegen die Neue, und Julia war die Gute, der sie nachweinte.

Plötzlich konnte sie Saschas Unverbindlichkeit besser verstehen. Auch er war offenbar mit der geheimen Botschaft groß geworden: »Wenn ich mich auf Gefühle einlasse, werde ich mißbraucht.«

* * *

Die Geschichte ihrer Familie, die sie so unzulänglich und widerwillig erforscht hatte, erscheint Julia plötzlich wie ein Kriminalroman, der sie süchtig macht, in dem sie versinkt und ihre Umwelt vergißt.

In den Seminarpausen quält sie in Telefongesprächen ihre Eltern und Tante Ilse, die als »wandelnde Familienchronik« gilt, mit immer neuen Fragen über die Vergangenheit.

Als endlich das Paket mit den Ahnenpässen und den Fotos ankommt – in Kopie selbstverständlich, sie könnte sie ja verlieren –, ist es für Julia wie Weihnachten. Sie hüpft vor Freude im Frühstückssaal auf und ab und zeigt allen stolz ihre Schätze. Endlich hat auch sie alles, was sie braucht, um einen Stammbaum zu zeichnen.

In der Nacht baut sie Stück für Stück an ihrer Familiendynastie. Zeichnet verzweigte Bäume, deren Äste die Namen von Menschen tragen, die für sie bisher keine Bedeutung gehabt haben, und wundert sich, daß sie mit all diesen Frauen und Männern verwandt ist.

Am Tag spielt sie in anderen Familien die Rolle der Tochter, Mutter oder Großmutter und ist jedesmal neu überrascht, wie mühelos sie die richtigen Sätze findet. Sie lacht und weint, sie öffnet und verschließt sich, sie ist einsam und geborgen. Und jedesmal trägt sie einen neuen Namen.

Was bleibt, wenn Julia in ihr eigenes Leben zurückkehrt, sind einzelne Szenen, die in ihr weiterwirken. So als würde das Theaterstück an einer bestimmten Stelle angehalten, damit sie das Bild genauer betrachten konnte. Es waren immer Ausschnitte, in denen sie ihre eigene Familie wiedererkannte. »Niemand weiß, wie es funktioniert«, sagt Alois. »Aber in jeder Rekonstruktion treffen Menschen mit Familiengeschichten aufeinander, die sich ergänzen. Die Teilnehmerlisten ändern sich bis zum letzten Tag.«

War Franz deshalb nicht gekommen? Julia hatte ihn fast schon vergessen. Sie schickt ihm eine Ansichtskarte vom Hotel . . .

* * *

In der Nacht, in der Julias Familienlegende zerbricht, kann sie nicht mehr einschlafen. War wirklich nie jemand auf die Idee gekommen, im Ahnenpaß zu stöbern? Nicht einmal Tante Ilse, die immer alles wußte? Von der die wunderbare Geschichte über Urgroßmutter Marie stammt, die Julia inzwischen viele Male ihren eigenen Kindern erzählt hatte:

»Es war einmal ein armer Bauernbub. Er lebte in einem Tal, in dem die Menschen so arm waren, daß die Kinder im Sommer barfuß über die Berge in ein reiches Nachbarland ziehen mußten, um bei Fremden ihr Brot zu verdienen. Im Winter durften sie wieder nach Hause zu ihren Eltern. Ihr Lohn waren warme Kleider und Schuhe. Wenn jemand in der kalten Jahreszeit starb, vergruben die Angehörigen die Leiche im Schnee, bis es taute. Niemand im Tal hatte Geld für einen Sarg.

Der Bauernbub wollte kein entbehrungsreiches Leben führen. Er hatte von den Händlern erfahren, daß es in der großen Stadt an der Donau Arbeit für jeden gab. Eines Frühlings nahm er seinen kleinen Ranzen und wanderte nach Wien, wo Kaiser Franz Josef regierte.

Im Tal ging die Kunde, daß Matthias jetzt sein Leben als Kammerdiener bei einem Generalfeldmarschall verdiene. Seine Eltern starben bei der großen Grippeepidemie, die kein Dorf verschont hatte. Bald dachte niemand mehr an ihn.

Jahre vergingen. Da wanderte eines Tages ein Mann mit einem großen Rucksack über die Berge. Die Menschen im Tal liefen zusammen. Es kam nicht oft vor, daß ein Fremder sich in die Abgeschiedenheit verirrte. Die einzige Abwechslung waren die Händler. Zweimal im Jahr quälten sie sich mit ihren schweren Pferdewagen über die steinigen Wege und brachten die wenigen Güter, die die Bauern nicht selbst erzeugen konnten.

Wenn das Leben karg ist, bleibt auch die Sprache karg. Es wurden nur wenige Worte darüber verloren, daß Matthias Natter wieder da war. Mit einem Rucksack, aus dem ein kleines Mädchen stieg, in Samt und Seide gekleidet. Es sah so ganz anders aus als die Dorfkinder. Zartgliedrig, mit feinen Händen und Füßen und Augen von einem seltsamen Schiefergrau, das man in der Gegend nur von den Felsen kannte.

Er nannte das Kind Marie und schwieg über seine Herkunft. Aber er hatte Geld. Mehr, als ein Kammerdiener verdienen konnte. Er kaufte einen Hof, und im Tal wurde gemunkelt, daß das Geld Schweigegeld sei. Bezahlt von einem reichen Adligen, der seinen Fehltritt mit einer Wiener Tänzerin verschleiern mußte. Das Kind ihrer Liebe sollte im entfernten Tal aufwachsen, weit weg vom Klatsch bei Hofe. Die Bauern nannten das Mädchen halb neidisch, halb bewundernd ›'s Wiener G'schenk‹.«

»Und deshalb«, pflegte Tante Ilse die Geschichte immer zu beenden und richtete sich stolz in ihrem Lehnstuhl auf, »dürft ihr nicht in der Nase bohren. Vielleicht sind wir adlig.«

Julia konnte es kaum glauben. Diese wunderbare Geschichte, die ihre Familie zu etwas Besonderem machte, sollte einfach nicht wahr sein?

Sie nimmt noch einmal den Ahnenpaß zur Hand. Hier stand es schwarz auf weiß: Im Standesamt Liechtental zu Wien gaben der Diener Matthias Natter und die Tänzerin Klara Emmerich die Geburt eines Mädchens bekannt. – Jener Mann, der das in Samt und Seide gekleidete Kind über die Berge getragen hatte, war also der Vater.

Aber warum hatte er geschwiegen?

»Manche Familienlegenden entstehen, weil die Wahrheit unerträglich oder unangenehm ist«, hört Julia Alois' Stimme in sich nachklingen.

Marie Natter war ein uneheliches Kind, dem offensichtlich auch noch auf unerklärliche Weise die Mutter abhanden gekommen war. Eine Schande, die es zu vertuschen galt.

Und weil sich Schicksale wiederholen, brachte auch Marie wieder ein uneheliches Kind zur Welt: Julias Großvater.

Aber wer war sein Vater?

»Er ist unbekannt«, kam Mutters Antwort rasch und sicher durch das Telefon, als Julia sie gestern nach ihm gefragt hatte. »Deine Urgroßmutter hat ihr Wissen mit in den Tod genommen. Nicht einmal dein Großvater kennt seine Herkunft.«

Und jetzt fand sie im Ahnenpaß, den jede Familie besitzen mußte, um der Verfolgung Hitlers zu entgehen, eine Eintragung, nach der alles anders war. Marie Natter hatte den Vater ihres Kindes gar nicht verschwiegen: »Viktor Malente, Beruf Musiker«, stand in den Papieren.

Julia fühlte plötzlich mit diesem Mann, der sein Talent an ein Kind vererbt hatte, das ihm nie dafür danken konnte. Großvater war ein guter Orgelspieler gewesen, der es nicht vermocht hatte, seine Begabung in Geld umzusetzen.

Julia saß auf ihrem Wissen wie auf einer Bombe. Sie, die Chaotin, würde wieder einmal den Frieden zerstören, wenn sie das alles an den Tag brachte. Sie mußte mit den Therapeuten darüber sprechen. Warum hatte die ganze Familie diese Legenden über Generationen mitgetragen? Warum hatte niemand die Wahrheit aufgedeckt?

»Geheime Botschaften«, sagt Helene, »vererben sich über Jahrhunderte. Schon dein Ururgroßvater kam mit diesem Kind über die Berge mit dem Auftrag: Wer sie ist, geht niemanden etwas an. Deine Urgroßmutter war selbst ein Geheimnis. Kein Wunder, daß sie ihrem Sohn – deinem Großvater – den Satz mitgegeben hat: Was hinter unseren Gardinen passiert, bleibt unter uns. Er wiederum hat ihn deiner Mutter und deiner Tante vererbt. Und hier bist du und sollst nicht nach deinen Ahnen forschen, weil es verboten ist ...«

* * *

Julia starrt mißmutig auf ihre Auswahl. Sie weiß nicht, wie es passieren konnte, aber sie hat sich völlig falsche Rollenspieler gewählt. Noch beim Frühstück, als sie aufgeregt ihre Wunschliste schrieb, war alles klar gewesen: Elisabeth, die Tirolerin mit den blauen, fast runden Augen, sollte die fröhliche Mutter sein und Ernst, der Mann mit den schmalen Lippen und dem steifen Rücken, der Vater. Elke, die blonde Intellektuelle, war ihre Schwester Lena, Magda – die evangelische Pastorin – die »gute« Großmutter, weil sie so herrlich nach getrockneten Äpfeln roch. Die »böse« Großmutter würde sie gar nicht erst besetzen. Mit der wollte sie nichts zu tun haben.

Und nun war alles falsch! Mit schlafwandlerischer Sicherheit holt sie sich einen Mitspieler nach dem anderen aus der Reihe und stellt ihre Familie neu zusammen:

- Schmal und ernst steht nun Silvana als Mutter da. Mit einem Flair von Tragik um sich, das Julia vom ersten Tag an angezogen und gleichzeitig abgestoßen hatte. Sie lacht kein bißchen, und ihr schwarzes Kleid unterstreicht die blasse Haut. Sie sieht traurig aus. »Nein, das bist du nicht, Mutter«, murmelt Julia.

- Georg, als Vater, nickt ihr beruhigend zu. Dem Mann, der ihr schon am ersten Tag mit seinen warmen Augen angenehm aufgefallen war, fehlt jede Strenge und Härte. Sein dichtes, silbergraues Haar ist auch schon das einzige, was sie an Vater erinnert.

- Lena, ihre Schwester, die sie unbedingt hatte mitspielen lassen wollen, ist überhaupt nicht dabei.

- Dafür kommt die »böse Großmutter« zum Zug. Edi, der dicke Computerspezialist, ist als einziger noch übrig, als Helene sie sehr bestimmt auffordert, der ungeliebten Oma eine Rolle zu geben. Julia mag Edi. Er hat etwas Beschützendes, Väterliches. »Großmutter war eine imposante, männliche Frau. Das ist das einzige, was dich mit ihr verbindet«, sagt sie entschuldigend zu ihm.

Aber auch die »gute Großmutter«, die sie wegen ihres herrlichen Apfelgeruchs gewählt hat, benimmt sich völlig eigenartig:

»Du stehst falsch«, sagt Julia zu Magda. »Du mußt näher zu deiner Tochter. Sie haben sich sehr geliebt.«

Magda bleibt wie angewurzelt stehen. »Ich kann nicht. Es geht mir schlecht, wenn ich so nahe bei ihr stehen muß.«

Julia ärgert sich: Was für eine Zicke! Die macht hier ihr eigenes Ding und spielt gar nicht meine Großmutter. Aufgeregt sagt sie zu Helene: »Glaube mir, sie steht falsch. Sie muß näher zu meiner Mutter.«

»Laß uns das Leben deiner Großmutter nachspielen«, schlägt Helene vor, »dann werden wir sehen . . .«

Die Therapeutin liest aus Texten vor, die Julia als Regieanweisung vorbereitet hat. Die Rollenspieler hören aufmerksam zu:

»Julias Großmutter Rita stammt aus einem deutschen Familienbetrieb mit großer Tradition. Seit Generationen stellen die Bogners Stickereien her, die im ganzen Land berühmt sind. Ein Familienzweig wandert ins benachbarte Tirol aus. Als eine ihrer österreichischen Cousinen schwer erkrankt, verläßt die achtzehnjährige Rita ihre Familie und pflegt die Verwandte, an der sie sehr hängt.

Am Bett der Kranken lernt sie den jungen Organisten Friedrich Gerlach kennen. Seine Frau ist vor zwei Jahren gestorben. Er lebt mit seinen kleinen Kindern allein und ist verliebt in Ritas Cousine.

Der Vater der Cousine, dem das Werben des armen Musikers um seine Tochter ein Dorn im Auge war, wird den Ausspruch, den er am Anfang der Liebesbeziehung getan hat, sein Leben lang bereuen: ›Bevor ich dir erlaube, diesen Habenichts zu heiraten, sollst du lieber auf dem Friedhof sein . . .‹

Sein Fluch wird wahr – die Cousine stirbt.

Ein halbes Jahr später heiratet Friedrich, der Kirchenorganist, Rita.«

Helene unterbricht sich und fragt Magda, die Rollenspielerin von Rita: »Wie geht es dir mit deiner Geschichte?«

Julia, die das Leben ihrer Großmutter ohne besondere

Emotionen aufgezeichnet hatte, ist verblüfft, wie heftig Magda reagiert. Die Hände um den Körper geschlungen, als sei es plötzlich kalt geworden im Raum, sitzt sie bleich, in sich versunken auf ihrem Sessel.

»Es geht mir schlecht«, sagt sie tonlos. »Um mich herum sind Schatten, die mir Luft und Lebensfreude nehmen.«

»Kein Wunder!« Helenes Gesicht wird ernst, als sie zwei Sessel nimmt und sie zwischen Rita und ihren imaginären Mann stellt. »Du bist nicht nur die zweite, sondern sogar die dritte Wahl Friedrichs. Beide toten Frauen stehen zwischen euch. Er hat sie sehr geliebt und nie wirklich verabschiedet. Der Platz der Ehefrau ist nicht frei für dich.«

Julia sieht die Fotos im Album vor sich: der Großvater viele Male in innigen Posen mit einer schönen Frau. »Das ist Viktoria, die jung verstorbene Cousine deiner Großmutter«, hatte Mutter gesagt. Von Rita und ihrem Mann gibt es solche Aufnahmen nicht. Sie sind immer nur mit den Kindern abgebildet.

»Laß uns sehen, wie die Geschichte deiner Großmutter weitergeht«, sagt Helene.

»Rita muß im Haus der Eltern der ersten Frau leben, weil Friedrich nicht genug Geld für ein eigenes Heim hat. Die Verhältnisse sind sehr beengt. Die Familie trauert noch immer um die früh verstorbene Tochter. Die neue, junge Frau des ehemaligen Schwiegersohns ist jeden Tag eine lebende Erinnerung an die Tote. Das fünfjährige Mädchen, das Friedrich aus dieser Ehe mitbringt, sieht die Stiefmutter als Rivalin und will ihren Vater für sich alleine haben. Das jüngere Kind, ein Sohn, ist nicht mehr da. Nach dem Tod seiner ersten Frau kam Friedrichs Mutter vorbei und hat ihren Enkel einfach mitgenommen.

Aber es gibt noch ein anderes Problem: Rita ist evangelisch, in Friedrichs tiefkatholischer Heimat ein schwerer Makel. Er verliert fast seine Arbeit als Organist der Dorfkirche.

Sie muß versprechen, daß sie ihre Kinder katholisch erzieht. Und muß dankbar sein, daß Friedrich sie trotz ihres Makels geheiratet hat.«

»Deine Großmutter, Julia«, erklärt Helene, »hat nie ihren Wert als Frau bekommen. Gewählt als Ersatz für ihre tote Cousine, ins Elternhaus der verstorbenen ersten Frau gesetzt, mit einem Religionsbekenntnis, das sie zur Außenseiterin macht, hat sie nichts, was ihr noch bleibt an Wert.«

Julia erinnert sich an ein Orgelkonzert in der evangelischen Kirche. »Hier ist deine Großmutter jeden Sonntag hergekommen – ganz allein. Wir Kinder mußten mit dem Vater in die katholische Messe gehen«, hatte Mutter erzählt.

Julia spürt, wie sich ihr Herz im Schmerz verengt: Du warst für mich immer die Glückliche, die Fröhliche, Oma. Du hast nie gezeigt, wie es in dir aussieht. Und deine Tochter, meine Mutter, lebt genauso.

»Hast du Angst vor dem Tod?« hatte Julia ihre Mutter letzthin gefragt. »Nein, überhaupt nicht, ich weiß, daß ich an einen Ort komme, an dem ich es besser haben werde als hier.«

Die Linie zieht sich von Generation zu Generation, denkt Julia traurig: lauter tapfere, scheinbar glückliche Frauen. Auch ich gehöre dazu.

Und Christina, ihre Tochter, ist die vorläufig letzte in der Reihe. Auch sie kann ihre wahren Gefühle selten zeigen. Nach Julias Trennung von Sascha war sie ihre Stütze und hat sie wie eine erwachsene Frau in ihrer Einsamkeit begleitet. Die Trauer des Kindes um seine zerstörte Familie war viel zu kurz gekommen.

»Friedrich hat mit der finanziellen Hilfe des reichen Vaters seiner neuen Frau ein Haus gebaut«, erzählt Helene weiter. »Rita ist glücklich. Sie ist schwanger. Heimlich hofft sie, daß sich durch das Kind die Verbindung zu ihrem Mann stabilisiert. Ein Mädchen kommt zur Welt – Julias Mutter.«

Tante Ilse hatte Julia über ihre Mutter erzählt: »Katharina war wie ein Junge, so wild. Sie ist auf Bäume geklettert, im Fluß unter den gefährlichen Felsen durchgetaucht und hat fechten gelernt. Ihr Vater hat sie schon als kleines Kind unters kalte Wasser gehalten, damit sie abgehärtet wird.«

»Es ist nur ein Mädchen«, sagt Helene in Julias Gedanken hinein. »Rita stammt aus einer Familiendynastie, in der ein Sohn wichtiger ist als eine Tochter. Im Krieg, als die Männer weg waren, durfte Rita den Betrieb führen. Kaum war ihr jüngerer Bruder zurück, wurde sie entthront und wieder in die zweite Reihe verwiesen. Verständlich, daß auch sie nur männliche Nachkommen will. ›Männer haben es besser im Leben‹ ist der Glaube, mit dem sie aufgewachsen ist. Auch deine Mutter Katharina trägt die geheime Sohnbotschaft in sich.

Am Anfang ist sie – als erstes gemeinsames Kind deiner Großeltern – noch die Stütze deiner Großmutter, das Bindeglied zu deinem Großvater.«

Julia sieht fasziniert zu, wie die Rollenspieler Katharina in die Mitte nehmen. Endlich gehören Rita und Friedrich wirklich zusammen. Die Schatten der beiden toten Frauen scheinen gebannt. Hohe Erwartungen werden an Katharina gestellt. Sie ist es, die das Paar zu einer »echten« Familie machen soll. Sie lebt in der Rolle der Ältesten. Die eigentliche Erstgeborene – Friedrichs Tochter aus erster Ehe – macht ihrer Stiefmutter Rita das Leben zur Hölle. Sie wacht eifersüchtig darüber, daß Katharina nicht bevorzugt wird. Rita und ihre leibliche Tochter verbünden sich. Sie gehören zusammen in einer Familie, in der keiner am richtigen Platz steht. Die Situation verändert sich, als Rita einen Sohn bekommt.

Die Schauspieler wechseln schon wieder ihre Plätze. Rita stellt das neue Kind neben sich. Friedrich rückt ein Stück ab.

»Das stimmt«, sagt Helene. »Die Ehe läßt wenig Raum für Ritas Sehnsucht nach Zärtlichkeit. Das Baby wird ihr kleiner, süßer Mann.«

Katharina fühlt sich von ihrem Bruder verdrängt und verbündet sich mit ihrem Vater, der endgültig den Platz neben seiner Frau verliert. In kurzer Folge kommen noch zwei Kinder zur Welt, die die Mutter symbolisch an ihre Tochter abgibt, damit sie entlastet ist.

»Wie geht es dir jetzt?« fragt Helene die ernste Frau im schwarzen Kleid, die Julias Mutter spielt.

»Ich fühle mich betrogen und einsam. Zuerst war ich so wichtig zwischen Mutter und Vater, und jetzt nimmt mein Bruder mir alles weg. Was mir bleibt, ist die Last. Ich muß auf die kleinen Kinder aufpassen, ich bin für alles verantwortlich. Zwischen meiner Mutter und mir ist eine große Spannung. Sie verübelt mir, daß ich mich an Vaters Seite stelle. Aber er ist der einzige, der mir noch bleibt. Und selbst ihn muß ich mit seiner Musik teilen.«

Julia fällt es wie Schuppen von den Augen. Es stimmte also doch! Magda hatte die Rolle der Großmutter richtig gespielt. Sie hatte sich von Anfang an dagegen gewehrt, so nahe bei ihrer Tochter Katharina zu stehen. Es gab unter dieser liebevollen Freundlichkeit, die Julias einzige Erinnerung an ihre Kindheit war, Aggressionen in der Familie, von denen an der Oberfläche nichts zu spüren war. »Was hinter unseren Gardinen geschieht, bleibt unter uns. Wir Gerlachs halten zusammen!« Julia sieht ihren strengen Großvater Friedrich vor sich, der sie als Kind in Angst und Schrecken versetzt hat. Sie wußte, daß er – um die Familie zu strafen – stundenlang die Tonleiter auf und ab übte, wenn er zornig war. Wieso hatte sie so selbstverständlich angenommen, daß ihre Großmutter mit ihm glücklich war?

* * *

In der Pause vor der nächsten Szene, in der Julias Eltern die Hauptrollen spielen sollen, betrachtet Julia die Familienfotos, die sie so kunstvoll auf ihren Stammbaum geklebt hat, mit anderen Augen:

Katharina steht neben ihrem Vater. Stolz und unabhängig. Die Haare streng durch einen Scheitel geteilt und in ordentliche Zöpfe geflochten.

»Sie könnte genausogut seine Frau sein«, murmelt Julia.

Auf den Gartenstühlen davor sitzen Katharinas Mutter und ihre Geschwister. Man kann die Mutter kaum von den Kindern unterscheiden. Sie wirkt verloren und machtlos.

»Fotos«, hatte Alois schon am ersten Tag gesagt, »besonders wenn sie eine Gruppe darstellen, sind immer sehr aufschlußreich. Man kann das ganze Familiensystem daran erkennen.«

Eine neue Szene wird gespielt. Katharina – Julias Mutter – ist jetzt achtzehn Jahre alt. Sie hat Oskar, den Sohn von »Feinkost Berger«, geheiratet, wo sie noch immer als Verkäuferin arbeitet. Die Jungvermählten sind im Delikatessengeschäft:

Die »böse Großmutter« – gespielt vom dicken Edi – sitzt an der Kasse. »Marsch, marsch«, schreit sie. »Auseinander! Hier wird nicht geturtelt!« Ihr Gesicht ist rot vor Ärger, ihr Doppelkinn zittert vor Empörung. »Du, geh in den Keller und hol Gurkengläser, und du, kümmere dich sofort um die Frau Geheimrat, sie möchte ein Buffet bestellen.« Die beiden gehorchen augenblicklich. Katharina verschwindet mit bitterer Miene im Keller, Oskar wendet sich beflissen einer älteren Dame zu. Von der Kasse aus beobachtet Katharinas Schwiegermutter unerbittlich ihren Sohn und mischt sich ständig mit keifender Stimme ein. Ihre Schwiegertochter kommt aus dem Keller zurück und möchte eine Frau bedienen, die gerade den Laden betritt. Oskars Mutter herrscht sie an, die

Käsevitrine zu putzen, und wendet sich mit Katzenfreund-
lichkeit der Kundin zu.

»Mutter, ich wußte nicht, daß Großmutter dich so gede-
mütigt hat«, flüstert Julia schockiert. »Und mein Vater, mein
großer, starker Vater, konnte dich nicht beschützen vor
ihr . . .«

Oskar streitet lautstark mit seiner Mutter, aber er ist ihr
nicht gewachsen. Sein Vater ist tot – auch er hatte keine
Chance gegen sie. Sie bestimmt, sie befiehlt und fällt über
ihren Sohn und seine Frau her, wenn sie spät nach Hause
kommen.

Nach Julias Text wird auch diese Szene, die ihre Eltern
schon so oft schmunzelnd erzählt haben, nachgespielt: Vater
und Mutter kommen singend um die Ecke. Oben, an der
Treppe, noch unsichtbar, lauert hinter der Tür die Großmutter. Julia sieht zum erstenmal ihren Vater, wie er als junger
Mann gewesen sein muß. Beschwingt von einem guten Glas
Wein, glücklich über den schönen Abend, hält er zärtlich
seine Frau im Arm. Sein Gesicht ist weich und entspannt. Ein
schöner, hingebungsvoller Mann.

Als die scharfe Stimme ihn von oben trifft, versteinert sich
sein Gesicht. Er läßt Katharina sofort los und läuft – fast in
Panik – seiner Mutter entgegen.

Julia beißt sich auf die Handknöchel, um nicht zu schrei-
en, und sieht stumm zu – wie in einem Horrorfilm.

»Wo warst du so lange? Morgen ist ein Arbeitstag!« schreit
Oskars Mutter ihn an. Er zuckt hilflos mit den Schultern. Die
Tür wird zugeknallt. Der Abend ist verdorben.

»Wir haben jetzt keine Zeit mehr, das Leben deiner Großmutter weiter zu erforschen, aber auch diese Frau verdient
deine Liebe und deinen Respekt« sagt Helene. »Es gibt sicher einen Grund, warum sie so hart werden mußte.«

Ich will ihn gar nicht wissen, sie war auch zu mir gemein,
denkt Julia bockig.

Die »böse Großmutter« hatte immer großen Wert darauf gelegt, sich mit ihren Enkelkindern in der Kirche zu zeigen. Für die kleinen Mädchen wurden dafür eigens Kleider gestrickt, auf denen sich rotschwarze Marienkäfer tummelten.

Wer von den Enkelkindern am Sonntag nicht mit ihr zur Frühmesse ging, durfte später keine frischen Mürbteigkipferl mit selbstgemachter Marmelade essen. Julia mochte nicht so früh aufstehen und war von diesem köstlichen Frühstück regelmäßig ausgeschlossen. Und wenn sie pfeifend durchs Haus ging, rief die Großmutter ihr nach: »So schlechte Sitten kommen nur aus der Gerlach-Familie . . .«

Als Großmutter starb, mußten sich alle um ihr Bett versammeln. Es war kurz vor Weihnachten, Julias Mutter hatte sie monatelang gepflegt. Für die alte Frau war es furchtbar, mitten im Weihnachtsgeschäft ihre Familie so zu belasten. »Ich will nicht jetzt sterben«, hatte sie täglich gesagt, »das schadet dem Umsatz.«

Julia konnte den Kampf der Großmutter gegen den Tod kaum ertragen: Ihr blaugefärbtes Gesicht, den pfeifenden Atem, wenn sie nach Luft rang . . . Als endlich alles vorbei war, hatte sich Julia mit einem Teller voll Mürbteigkipferln und der selbstgemachten Marmelade in ihr Bett verkrochen und alles auf einmal aufgegessen. »Das hat sie nun davon«, sagte sie trotzig zu ihrem Teddybär und zitterte aus Angst vor dem Fegefeuer.

* * *

Julia kehrt aus ihren Gedanken zurück. Das Spiel geht weiter. Sie steht ein wenig abseits und sieht ihrer Familiengeschichte zu.

Ihre Eltern erwarten das erste Baby. Es ist, als ob eine Geschichte sich wiederholte: Große Hoffnungen lasten auf dem Kind. Es soll aus Katharina und Oskar, die unter der

Knute der alten Frau Berger keine Chance haben, endlich ein Paar machen.

Die Schwangerschaft verläuft problemlos, also muß Katharina nicht geschont werden. Sie läuft noch immer treppauf, treppab, schleppt noch immer Zuckerhüte und Geschenkkörbe. Als sie auf der Kellerstiege fällt und sich »fast das Kreuz bricht«, kommen die Wehen vorzeitig in Gang.

»Deine Großmutter«, sagt Helene zu Julia, »hat deiner Mutter im wahrsten Sinne des Wortes das Kreuz gebrochen. Und durch das, was dann geschah, deinem Vater auch.«

Sie legt Katharina und Siegfried kurzerhand zwei Kissen in die Arme, jedem eines. Es sind Symbole für die Zwillinge, die ihren ersten Monat nicht überleben und im Krankenhaus im Brutkasten sterben.

»Was werdet ihr mit diesen toten Kindern tun?« fragt Helene. Mit einer zögernden Geste legen die Rollenspieler die beiden Kissen einfach unter ihre Sessel.

»Diese beiden Söhne wurden nicht betrauert. Sie haben keinen eigenen Platz in der Familie. Das bedeutet aber auch, daß die Kinder, die nach ihnen kommen, nicht an ihrem richtigen Platz stehen.«

Julia bricht in Tränen aus: »Nein, ich will nicht mehr daran denken. Ich war ein glückliches Kind!« Aber die Bilder drängen sich ihr unerbittlich auf.

Es war vor zwei Tagen. Sie hatte in einer anderen Familiengeschichte die Rolle der Mutter gespielt:

Julia sitzt entspannt in einer Ecke. Noch wird sie nicht gebraucht. Das Drama findet zwei Generationen vor ihr statt. Das Leben von Klaras Urgroßmutter wird gezeigt.

Helene liest aus der Geschichte vor: »Klaras Urgroßmutter heiratet. Der Mann stirbt bald. Sie heiratet wieder und bekommt ein Kind. Es ist ein Sohn.« Helene legt Silvana, die auch an diesem Tag ein schwarzes Kleid trägt und noch ernster ist als sonst, als Symbol ein Kissen in den Arm. »Im

Ort wütet die Diphtherie. Nach zwei Monaten stirbt das Kind. Kurze Zeit später ist sie wieder schwanger. Ein Mädchen kommt zur Welt und erlebt den ersten Geburtstag nicht . . . Das dritte Kind wird geboren. Es ist wieder ein Sohn. Als er drei Monate alt ist, finden die Eltern ihn in seinem Bett: tot.« Helene legt der Urgroßmutter ein Kissen nach dem anderen in den Arm und nimmt es ihr wieder weg. Ein Baby nach dem anderen stirbt – acht an der Zahl.

Das Grauen ist unfaßbar. Aus Silvanas Gesicht ist der letzte Rest von Farbe gewichen. Innerlich erstarrt, wirft sie mit mechanischen Bewegungen ein totes Kind nach dem anderen unter ihren Sessel. Neben ihr, als ob ihn das alles nichts anginge – Ernst, der den Urgroßvater spielt.

»Ich fühle mich schrecklich«, flüstert Silvana, ihre Hände liegen unbeteiligt im Schoß. »Alles in mir ist tot. Ich will nur noch sterben. Der Mann ist mir egal, alles ist mir egal.«

Sie wird noch zweimal schwanger. Die beiden Mädchen überleben. Aber wie? – Sie sitzen zu Füßen ihrer apathischen Mutter, inmitten der Leichen. Es riecht nach Tod und Verwesung.

Julia kauert in der Ecke und hat alles um sich vergessen. Sie denkt nicht mehr daran, daß sie die Rolle der Mutter in einer anderen Familie spielt. Es ist, als ob sie einem Schauspiel aus ihrer eigenen Kindheit folgt. Als ob sie es ist, die zwischen den Leichen sitzt. Neben sich Lena, ihre Schwester. Zwei einsame Kinder, die von der leblosen Hülle einer zerstörten Frau betreut werden.

»Mama, Mama«, wimmert Julia lautlos vor sich hin. Sie weiß nicht, um wen sie mehr weint. Um sich selbst, als verlassenes Baby, oder um ihre Mutter. Der Tod der Zwillinge, die so jämmerlich im Brutkasten gestorben waren, hatte sie vom Leben abgeschnitten – wie Klaras Urgroßmutter.

* * *

Helenes beschützende Arme holen Julia in die Gegenwart zurück: »Was macht dich so traurig?«

»Ich habe in Klaras Familiengeschichte erlebt, wie es für Mama wirklich gewesen sein muß, als die Zwillinge starben. Ich habe gespürt, wie allein gelassen Lena und ich als Babys waren. Mama war durch ihren Schmerz wie abgeschnitten von uns.«

»Es ist kein Zufall«, sagt Helene, »daß du immer wieder in anderen Rollenspielen ein Stück deiner eigenen Geschichte erlebst. Vielleicht verstehst du jetzt besser, warum du Silvana als traurige Mutter gewählt hast. In den fast beiläufigen Handbewegungen, mit denen die toten Kinder ohne Trauerarbeit unter den Sesseln verschwanden, versteckt sich ein Drama.«

»Aber was ist mit Vater?«

Julia erinnert sich an Ernst in seiner Rolle als Urgroßvater in Klaras Familie. Er schien so unbeteiligt, als seine acht Kinder starben. Sie hatte ihn anschließend gefragt, wie er all das Leid ertragen konnte. »Ich hatte keine Zeit für Trauer. Ich mußte stark sein und meine Frau stützen.«

»Papa, armer Papa. Ich habe nie an deine Gefühle gedacht...«

Julias Vater Oskar hatte ihr fast nichts von seiner Familie erzählt: »Ich weiß wenig, und es interessiert mich nicht. Ich war immer allein. Der einzige, der mich geliebt hat, war mein Hund. Meine Mutter war den ganzen Tag im Betrieb, der Vater unterwegs. Die Dienstmädchen haben mich erzogen. Kaum hatte ich mich an eines gewöhnt, kam das nächste. Ich war ein schlimmes Kind und wurde oft geschlagen. Von der Mutter und vom Personal.«

Oskars Mutter war die Tochter aus einer großen Molkereidynastie. Ihr Vater war früh gestorben, ihre Mutter führte den Betrieb. Als Julias Großmutter fünfzehn war, starb auch ihre Mutter. Das junge Mädchen mußte – von einem Onkel

kurzfristig unterstützt – rasch in die Rolle der Chefin hinein-
wachsen. Jeden Morgen um vier stand sie – in viel zu großen
Gummistiefeln – in der Käserei und befehligte Männer, die
mehr als doppelt so alt waren wie sie. Kein Wunder, daß sie
gelernt hatte, sich durchzusetzen. Erst als Julias Großmutter
ihren Mann kennenlernte, übergab sie die Molkerei ihrem
jüngeren Bruder. Aber sie nahm sofort wieder einen mächti-
gen Platz ein: an der Kasse von Feinkost Berger.

»Sie bestimmte alles. Auch mein Vater hatte nichts zu
sagen. Ich mußte für ihn kämpfen, damit er wenigstens den
Großhandel führen durfte. Sie hätte ihm auch noch diesen
letzten Rest an Verantwortung abgenommen«, hatte Julias
Vater gesagt, als sie ihn nach seinen Eltern fragte. »Während
meiner Schulzeit mußte ich ins Internat, weil niemand für
mich Zeit hatte. Das war ein Segen für mich. Ich war froh,
daß meine Mutter mich so selten besucht hat. Wir haben uns
überhaupt nicht verstanden.«

Julia erinnert sich an Vaters Erzählungen aus dem Krieg.
Er hatte sich freiwillig zu einer Panzereinheit in Schleswig-
Holstein gemeldet, fast zweitausend Kilometer von seiner
Heimat entfernt. Seine Mutter war ihm nachgereist, um den
Einsatz ihres einzigen Sohnes in Rußland zu verhindern.
Vergeblich. Dreimal schwer verwundet, monatelang zu Fuß
durch feindliches Gebiet nach Hause, »Feinkost Berger«
wiederaufgebaut, Heirat, Kinder. Wann hatte Vater jemals
Zeit für sich gehabt?

Julias Gedanken werden unterbrochen. Die Geschichte
geht weiter.

Die Rollenspieler haben sich noch kaum vom Tod der
Zwillinge erholt, als ihnen Helene schon wieder ein neues
Kind präsentiert. Lena kommt zur Welt. »Sei gesund und
stark« ist ihr Lebensauftrag.

Julia hält innerlich Zwiesprache mit ihrer Schwester: »Lena, du bist nie krank, du zeigst nie deine Bedürftigkeit. Sogar

als das Auto dich damals vom Rad geschleudert hat, lagst du ganz allein im Krankenhaus und hast die Familie nicht verständigt. Wenn dein Gips an der Hand dich nicht verraten hätte, wüßten wir es bis heute nicht. Die geheime Botschaft unserer Eltern wirkt noch immer in dir.«

Julia denkt mit schlechtem Gewissen daran, wie oft sie in Lenas Küche sitzt, das Herz und den Mund voll. Ihre Schwester ist ihr eine gute Beraterin, die für sich selbst wenig Aufmerksamkeit fordert.

»Das Leben bei Feinkost Berger muß weitergehen«, erzählt Helene. »Katharina muß wieder im Geschäft arbeiten und bringt Lena täglich zu ihrer Großmutter aufs Land. Als sie kurze Zeit später mit Julia schwanger ist, gibt es keine Pause: Weihnachten naht. Am Tag werden Pasteten und Mandelstollen verkauft, in der Nacht Nikolaussäcke und Geschenkkörbe gepackt. Um sechs Uhr morgens ist die ganze Familie schon wieder auf den Beinen und bereitet kalte Platten für unzählige Weihnachtsfeiern vor.«

Die Geburt des zweiten Kindes ist keine Sensation mehr. Wieder ein Mädchen. Julia ist gesund, Frau Berger senior schenkt kein Schmuckstück aus der Familienschatulle. Sie wartet auf einen Erben. Katharina gibt nach kurzer Zeit auch dieses Kind mit schlechtem Gewissen jeden Morgen bei ihrer Mutter ab.

»Laß uns diese Szene spielen«, schlägt Helene vor.

Julia sieht zu, wie ihre Mutter die beiden kleinen Mädchen mit einer bedauernden Geste der Großmutter übergibt.

»Wie geht es dir?« fragt Helene die Rollenspielerin der Großmutter.

»Ich liebe meine Enkel, aber gleichzeitig fühle ich auch so etwas wie Macht. Ich nehme meiner Tochter etwas weg, was ihr gehört. Diese Kinder haben mich genauso gern wie ihre eigene Mutter.«

Julia erinnert sich: Sie ist fünf Jahre alt und trägt das

weiße Flanellnachthemd mit den blauen Elefanten. Es ist dunkel im Zimmer. Sie hat Angst und preßt weinend ihren Teddybär an sich. Lieber Gott, betet sie, laß meine Oma nicht sterben. Laß mich nicht allein auf dieser Welt. Dann ist Großmutter da mit ihrem Geruch nach getrockneten Äpfeln, mit ihren sanften Händen. Sie holt aus der Schürze ein Taschentuch und trocknet Julias Tränen. »Püppi, mein liebes Püppi«, flüstert sie zärtlich.

Im nächsten Bild, das vor Julia auftaucht, ist sie nicht viel älter: Lena und sie kriechen aufgeregt im Wald unter den Bäumen herum und füllen Moos und Tannenzweige für die Weihnachtskrippe in ihre Körbchen. Die Großmutter hilft ihnen. Als sie später glücklich nach Hause kommen, sitzt die Mutter, immer noch im Arbeitsmantel, erschöpft bei einer Tasse Tee und hat die Beine hochgelagert. Julia gibt ihr einen Kuß und riecht diese seltsame Mischung aus Wurst, Käse und Gebäck in ihrem Haar. Ein Geruch, der sich bei Feinkost Berger durchs ganze Haus zieht.

Am nächsten Tag kommt das Christkind. Julia möchte so gern, daß die Oma bleibt. Die Eltern sind immer so nervös am Heiligen Abend, und wenn es an der Tür läutet, weil die Frau Geheimrat das Weißbrot zum Lachs vergessen hat, muß Mutter mitten in der Bescherung in den Laden hinunter, und die ganze Stimmung ist kaputt. Aber die Großmutter kann nicht bleiben. Sie hat Angst vor der Schwiegermutter ihrer Tochter und betritt das Haus nur, wenn sie die Enkel zurückbringt.

»Mutter, ich habe dich immer verurteilt, weil du so wenig Zeit für uns hattest. Ich habe nie daran gedacht, wie schmerzhaft es für dich gewesen sein muß, daß du Lena und mich deiner Mutter überlassen mußtest.«

Wie ein Blitzlicht taucht kurz die Szene aus einer fremden Familiengeschichte auf:

Julia spielt wieder die Rolle der Mutter. Magda, ihre Tochter, kommt von der Schule nach Hause. Etwas abseits sitzt die Großmutter in einem Lehnstuhl.

»Wen begrüßt du zuerst?« fragt Alois, der Trainer.

»Meine Oma, sie ist die Wichtigste für mich.«

Julia sieht zu, wie ihre Tochter achtlos an ihr vorüberläuft und sich zu Füßen der alten Frau setzt.

»Wie geht es dir, Julia?« fragt Alois.

»Ich habe mein Kind verloren, es braucht mich nicht mehr«, antwortet sie traurig.

Julia beobachtet, wie ihre Tochter sich an die Großmutter kuschelt und ihr kleine Geschichten aus dem Kindergarten erzählt. Sie kann den Schmerz kaum ertragen. Sie ist für Magda die Mutter, denkt sie bitter.

»Magda, was siehst du?« fragt Alois.

Magda sieht kalt zu Julia. »Ich sehe nichts, nur ein großes, schwarzes Loch.«

Julia weint und bittet ihre Tochter um Verzeihung: »Ich weiß, daß ich nicht für dich dagewesen bin. Aber es war nach dem Krieg. Wir mußten das Geschäft aufbauen, ich hatte keine andere Chance . . .«

Magda will nicht zu ihrer verzweifelten Mutter gehen. Alois zeigt ihr, wie einsam sie ist in ihrer Kälte, in ihrem Hochmut. Das Kind fängt an zu weinen und läßt sich von Julia trösten.

Helenes Aufforderung, ihren Platz in der eigenen Familie einzunehmen, holt Julia aus ihren Gedanken zurück.

Ihre Eltern stehen nebeneinander und warten auf neue Anweisungen von Helene. »Wo ist der Platz eurer zweiten Tochter in der Familie?« fragt sie. Katharina und Oskar stellen Julia, ohne zu zögern, zwischen sich.

»Das stimmt«, bestätigt Helene. »Beide sind unzufrieden mit ihrer Ehe, beide haben Sehnsucht nach Nähe und wollen dich als Verbündete.«

»Paß auf Vater auf«, hatte Mutter immer zum Abschied

gesagt, wenn Julia als junges Mädchen einmal im Jahr nach Frankreich, zur Gourmetmesse, mitfahren durfte. Julia wußte nicht so genau, was das bedeuten sollte. Im Rückblick erst war ihr klargeworden, daß Vaters außergewöhnliche Großzügigkeit seiner eigenen Freiheit diente: »Du kannst ausgehen, solange du willst«, hatte er augenzwinkernd geschmunzelt und war mit der Weineinkäuferin aus dem Ort, die jedes Jahr mitfuhr, entschwunden. Wenn sie wieder zu Hause waren, schwieg Julia und überhörte Mutters Fragen, wie sie denn ihre Abende verbracht hätten. Als Vater seine Affären immer weniger verbarg, wurde sie zum Ausgleich Mutters Verbündete und Trösterin.

Lena wurde nicht eingeweiht. Sie schwebte meistens in anderen Sphären und schwärmte für Winnetou und Old Shatterhand.

»Kinder, die zwischen ihren Eltern stehen, sind sehr einsam«, unterbricht Helene Julias Gedanken. »Sie verlieren ihren Platz in der Geschwisterreihe, weil sie neben Mutter und Vater stehen. Dafür bekommen sie keine Zuwendung als Kind. Sie bleiben übrig. Wie geht es dir, Julia?«

»Ich bin allein, aber sehr mächtig. Ich habe das Gefühl, daß ich im Leben meiner Eltern die Fäden ziehe, daß ihr Wohlbefinden von mir abhängt.«

»Die Situation verändert sich, als Julias Bruder zur Welt kommt«, fährt die Trainerin fort. »Endlich der ersehnte Sohn! Er wird verwöhnt, verhätschelt und auf den Platz seiner Schwester gestellt. Jonathan ist der Liebling der ganzen Familie. Sogar die strenge Großmutter wird für ihn weich.«

»Und wie ist das in meiner eigenen Familie?« Julia findet keine Schuld bei sich. »Nein, ich bin immer gerecht gewesen, ich habe meine beiden Kinder gleich behandelt. Oder doch nicht?! Christina hat kürzlich einen Englischaufsatz geschrieben, in dem die Hauptfigur ein Mädchen war, das sein Elternhaus verläßt, weil der kleine Bruder immer bevorzugt wird. Der letzte Satz hieß: ›Wenn du erwachst, dann werde ich nicht mehr dasein, dann werde ich euch nicht mehr stören . . .«

Schon kurz nach der Geburt ihres Sohnes war das Zusammenleben mit Sascha zu Ende. Das Kind, das vielleicht unbewußt die Ehe hätte retten sollen, führte endgültig zum Bruch. Wie viele Nächte war sie allein im Bett gelegen und hatte dieses kleine, warme Wesen an sich gepreßt, während ihr Mann seine Zärtlichkeit einer anderen Frau schenkte.

Helene erzählt weiter aus Julias Kindheit: »Weil Katharina nach ein paar Monaten wieder arbeiten muß,« übergibt sie Jonathan ihrer Tochter Julia. Lena, die eigentlich die Älteste ist, eignet sich nicht als Babysitter, und die Großmutter ist zu alt, um noch einmal Kindermädchen zu spielen.

Ein Familiensystem wiederholt sich: Auch Katharina hat schon als Kind für ihre jüngeren Geschwister sorgen müssen.«

Julia ist wütend: »Mutter, du hast mir meine Kindheit gestohlen!«

Die Erinnerung ist noch immer schmerzlich: Julia ist acht Jahre alt. In einem geblümten Badeanzug, der ihren Kummerspeck schlecht verbirgt, sitzt sie im Schwimmbad auf einer Decke im Schatten. Ihre Freundinnen springen kreischend vor Vergnügen wieder und wieder vom Rand des Wasserbeckens ins kühle Naß. Neben ihr quengelt müde Jonathan. Sie hat ihm gerade seine Windeln gewechselt. Mathilde, ihre beste Freundin, ist vor dem Gestank weggelaufen und spielt jetzt Wasserball. Sehnsüchtig beobachtet Julia die anderen Kinder. Wenn sie nur für ein paar Minuten mitspielen könnte! Manchmal schafft sie es, ihren Bruder loszuwerden. Dann zahlt sie Mathilde ein Eis von ihrem Taschengeld und tollt mit den anderen herum. Aber nur manchmal.

Wenn sie nach Hause kommt, steht Mutter noch immer im

Lebensmittelladen. »Du bist mein braves Mädchen, du hilfst mir sehr«, sagt sie und schenkt Julia eine Tafel Schokolade.

»In Familien, in denen Frauen ihren Wert nur dann bekommen, wenn sie viel arbeiten, oder arbeiten müssen, weil es wirtschaftliche Zwänge gibt, übernehmen oft die älteren Kinder Mutterpflichten«, sagt Helene. »Sie verlieren damit nicht nur ihren richtigen Platz als Kinder, sondern auch die Schwester oder den Bruder, für den sie jetzt Mutter sind.«

Julia wird plötzlich klar, warum Jonathan und sie, seitdem sie erwachsen sind, einander nichts mehr zu sagen haben. Wie Fremde sitzen sie sich bei Familienfesten gegenüber und streiten über Wirtschaftsfragen. Einmal, nur ein einziges Mal noch hatte es eine tiefere Verbindung zwischen ihnen gegeben. Jonathan lag nach einem Verkehrsunfall im Koma, sein Überleben war ungewiß. Julia hatte ihren Eltern die Wahrheit verschwiegen. Sie wohnten weit weg, sie wollte ihnen den Schock ersparen. Tag und Nacht hatte sie an seinem Bett auf der Intensivstation gesessen und hatte immer wieder verzweifelt seinen Namen gerufen. Sie konnte nicht mehr essen, nicht mehr schlafen, konnte nicht mehr arbeiten. Sie wollte nur noch, daß Jonathan gesund wird. Wie eine Mutter – kommt es ihr plötzlich in den Sinn. Ich war seine Mutter, und er hat sich von mir gelöst . . .

»Mein Gott, Christina, meine Tochter, war Mutter für ihren Bruder!« Als Sascha junior geboren wurde, war sie zweieinhalb. Mit vier mußte sie ihn mit in die Kindergruppe nehmen. Ein Job im Management erlaubt keine lange Babypause! Julia sah die beiden Kleinen vor sich, wie sie ihr tapfer nachwinkten, wenn sie eilig zum ersten Termin des Tages davonlief: Christina fürsorglich mit einem Arm um Saschas Schultern – er hing den ganzen Tag an ihrem Rockzipfel. In Wahrheit hatte sich bis heute nichts daran geändert. Sie fühlt sich noch immer für den kleinen Bruder verantwortlich und fragt ihn nach den Hausaufgaben, dem Turnzeug und dem Pausenbrot.

»Wir haben alle unsere Töchter als kleine Mütter mißbraucht. Meine Großmutter, meine Mutter und ich. Und wahrscheinlich reicht die Reihe noch weiter zurück«, sagt Julia traurig zu Helene.

»Es gibt keine Schuld! Ihr alle habt kein anderes Modell gekannt, ihr mußtet so handeln. Und vergiß nicht: In jeder Verletzung, die wir als Kinder erleben, liegt auch ein großer Schatz. Ihr habt gelernt, Verantwortung zu tragen, liebevoll für jemanden zu sorgen, ihr wart selbständig und selbstbewußt. Qualitäten, die im Erwachsenenleben sehr nützlich sind.«

»Und warum glauben dann meine Eltern, daß ich eine Chaotin bin, die nur durch Zufall überlebt?« fragt Julia ratlos.

»Sieh dir deine Familiengeschichte an. Bis zu deinem Urgroßvater zurück wurde das Chaos in der Familie immer verborgen. Es gab uneheliche Kinder, es gab unglückliche Frauen und Männer, aber es durfte nichts nach außen dringen. ›Wir Gerlachs halten zusammen!‹ Und auch in der Familie deines Vaters galt als oberste Maxime: Man zeigt keine Gefühle. Was uns nicht umbringt, macht uns härter. Was zählt, ist der wirtschaftliche Erfolg.

Und dann kommst du und machst alles öffentlich. Deine gescheiterte Beziehung, deine Gefühle ... Kein Wunder, daß du deinen Eltern chaotisch erscheinst. Es gibt noch eine Regel, die für dich wichtig ist: In jeder Familie müssen die verborgenen Anteile, die von allen verdrängt werden, von einem der Mitglieder gelebt werden. Das Chaos, das heimlich im Gefühlsleben der beiden Clans stattgefunden hat, wird auf dich übertragen. Als ob sie unbewußt sagten: Seht her, bei uns ist alles in Ordnung, wir haben es geschafft. Es gibt nur eine Person, die nicht funktioniert – Julia. Aber ein schwarzes Schaf kommt in den besten Familien vor ...

Geh jetzt zu Mutter und Vater, und bitte sie, dir deinen richtigen Platz als Kind zu geben.«

Julia sieht zu ihren Eltern hinüber, die sich inzwischen ein Nest aus weichen Polstern gebaut haben. Zuerst zögert sie einen Moment. Aber dann wirft sie sich in die Arme der Rollenspieler und versinkt zum erstenmal in ihrem Leben in einer Umarmung, die ihr alles gibt: Schutz, Wärme, Liebe, Geborgenheit, Kindsein . . .

* * *

Julia ist glücklich. Es ist, als ob sie den Schlüssel zum Tor gefunden hätte, hinter dem ihre Eltern auf sie warten. Die jahrelangen aufreibenden Kämpfe, in denen sie immer wieder gefordert hatte: »Ich will, daß ihr mich als gleichberechtigte, erwachsene Frau anerkennt«, scheinen ihr fern.

»Ich möchte endlich euer Kind sein, auch wenn ich schon bald vierzig bin!«

»Hütet euch«, sagt Alois vor dem Abendessen, »eure Eltern mit euren neuen Gefühlen zu überfallen. Sie sind noch dort, wo ihr vor einer Woche auch gewesen seid. Die Veränderung passiert Schritt für Schritt. Es ist ein langsamer Prozeß, der Zeit braucht.«

Am Abend trinkt Julia zum erstenmal mehr als ein Glas Wein. Sie ist erleichtert, daß ihr Tag als »Star« vorbei ist, und bittet den dicken Edi in bester Laune, ihre »böse Großmutter« noch einmal zu imitieren. Er zögert nicht lange und spielt mit Genuß die herrische Frau Berger in ihrem Feinkostladen. Die Trauertränen des Nachmittags werden zu Lachtränen! Noch weiß Julia nicht, daß die Rache auf dem Fuße folgt.

* * *

»Ich habe schon soviel aus meiner Geschichte gelernt, was soll ich noch entdecken?« Singend steigt Julia am nächsten Morgen aus der Badewanne und macht sich bereit für eine neue Rolle in einem fremden Leben. Karin ist die letzte, die ihre Familie erforschen wird. »Laß mich doch deine Schwester sein«, bittet Julia sie beim Frühstück. »Ich möchte endlich einmal ein Kind spielen und nicht immmer nur Mütter und Großmütter.«

Die beiden Rollenspieler, die gestern ihre Eltern waren, sind es auch heute wieder für Karin. Silvana trägt ausnahmsweise kein schwarzes Kleid, und Georg kommt ihr noch weicher, noch liebenswerter vor. Die Brüder und Schwestern sind auch schon besetzt. Julia ist enttäuscht. Keine Chance für sie. »Sei du meine Großmutter«, sagt Karin in diesem Augenblick.

Julia stellt sich zur Familie. »Achtet darauf«, hatte Alois schon am ersten Tag gesagt, »wie die Rollenspieler sich ins Bild fügen. Es sind immer Hinweise zur wahren Familiengeschichte.«

Julia kann ihren Platz nicht finden. Sie möchte sich gern nahe zu ihrem Sohn, Karins Vater, stellen und ihm beschützend die Hand auf die Schulter legen. Aber die Kälte, die ihr von der Familie entgegenkommt, ist wie eine Mauer. Sie stellt sich abseits und sehnt sich danach, ihr Kind zu berühren.

Alois erzählt aus der Geschichte:

»Karins Großvater ist ein Nazi. Als er aus dem Krieg nicht zurückkommt, ist der kleine Hans das einzige, was der Großmutter bleibt. Sie erzieht ihn trotzdem hart, im Sinne ihres Mannes. Über den Vater wird nie mehr geredet. Die Nazischande muß verschwiegen werden.

Dein Großvater, Karin, ist nie gewürdigt worden. Alle haben sich für ihn geschämt. Du sollst wissen, daß er der nationalsozialistischen Partei beigetreten ist, weil er keinen

Vater hatte, weil er nach einem Vorbild gesucht hat. Er war ein uneheliches Kind und hat die Uniform als Stütze gebraucht. Verurteile ihn nicht! Viele der jungen Männer, die im Zweiten Weltkrieg einen falschen Weg eingeschlagen haben, sind Opfer ihrer eigenen Geschichte.«

»Zeig uns, wie du deinen Sohn erziehst«, sagt Alois zu Julia. Hans sitzt mit eingefallenen Schultern wie ein Häufchen Elend vor ihr. Sie schlägt ihm mit der flachen Hand zwischen die Schulterblätter und herrscht ihn an: »Mach keinen Buckel, sei ein Mann!« Sie ärgert sich über dieses Kind, das so weich und empfindlich ist und so gar nicht ihren Vorstellungen entsprechen will. Sie liebt ihren Sohn über alles, aber sie muß hart sein. Sie muß ihm den Vater ersetzen.

Hans verliebt sich und heiratet. Endlich hat er einen Menschen gefunden, der zärtlich ist, der ihm Gefühle entgegenbringt. Seine Frau Margarethe schmiegt sich wie ein Kätzchen an ihn. Gleichzeitig stärkt sie ihm den Rücken gegen die strenge Mutter.

Julia sieht verbittert, wie der Sohn ihr entgleitet. Das Herz tut ihr weh, wenn sie das junge Paar beobachtet, das all das lebt, was ihr nie vergönnt war. Sie lehnt ihre Schwiegertochter ab und macht ihr das Leben schwer. Margarethes Mutter kommt ihrer Tochter zur Hilfe. Jetzt hat sie alle gegen sich.

Julia fühlt sich ausgeschlossen. Die Gruppe, die vor ihr steht, braucht sie nicht. Sie bleibt mit Tränen in den Augen am Rand, niemand nimmt von ihr Notiz.

Großmutter, so mußt du dich gefühlt haben, denkt sie und schämt sich für den gestrigen Abend, für ihre Ausgelassenheit.

»Eine Tochter kommt zur Welt«, erzählt Alois weiter. »Wo stellst du dich hin, Karin?« Ohne zu zögern, geht sie zu ihrer Mutter und stützt sie. »Das stimmt«, bestätigt der Trainer.

»Margarethe ist müde. Sie versorgt diesen Mann, der nie gelernt hat, seine Gefühle zu zeigen, seit Jahren mit Emotionen. Als das Kind kommt, will sie endlich einmal etwas für sich.«

Julia sieht, wie Karin unter der Last ihrer Eltern fast zusammenbricht. Beide lehnen sich auf sie.

»Aber es ist noch nicht genug«, fährt Alois fort. »Die abgelehnte Großmutter sehnt sich ebenfalls nach Gefühlen. Ihre Enkelin ist eine Chance, wieder in die Familie hineinzukommen.«

Karin stellt sich vor Julia auf:

»Du hast mich immer bestochen, Großmutter. Du hast mir Geld gegeben, damit ich dich liebe. Als ich erwachsen war, hast du mir sogar ein Grundstück geschenkt, damit ich mir ein Haus bauen kann. Und jetzt forderst du dafür meine Zuneigung!«

Julia fängt an zu weinen:

»Ich liebe dich, mein Kind, und ich bin so einsam. Dein Vater und deine Mutter meiden mich. Du bist die einzige, die mir bleibt. Ich wollte dich nicht bestechen. Ich habe nie Zärtlichkeit erfahren, ich weiß nicht, wie man Zärtlichkeit gibt. Bitte verzeih mir.«

Als Julia die Tränen der fremden Großmutter weint, spürt sie zum erstenmal Liebe und Mitgefühl für ihre eigene Oma.

Noch einmal kommt die Erinnerung an Großmutters Sonntagsfrühstück zurück. Julia sitzt am schön gedeckten Tisch mit Silberbesteck und Damastservietten und ißt warme Blätterteigkipferln mit selbstgemachter Marmelade: Vielleicht wolltest du mich gar nicht zum Kirchgang erpressen. Vielleicht war das deine einzige Möglichkeit, mir deine Liebe zu zeigen. Auch du warst einsam und allein.

Im Rollenspiel findet die Geschichte ein glückliches Ende. Karin bekommt ihren richtigen Platz als Kind. So wie gestern

Julia erfährt sie, wie es ist, wenn sie nicht mehr dazwischen steht, wenn nicht alle an ihr zerren und ziehen. Die beiden Großmütter versöhnen sich, sitzen zufrieden nebeneinander im Lehnstuhl und erfreuen sich am Glück ihrer Kinder.

»Jede und jeder in eurer Familie verdient Liebe und Respekt«, sagt Alois. »Wir verurteilen Menschen oft gedankenlos, weil wir ihre Geschichte nicht kennen.«

* * *

Julia erwacht im Schatten des Baumes, der seine Zweige bis zur kleinen Kapelle aufstreckt. Es war ihr Lieblingsplatz, an dem sie auf ihren Spaziergängen in den Seminarpausen immer ein paar Minuten Rast machte. Eigentlich war sie hierhergekommen, um nachzudenken. Aber dann war die Müdigkeit stärker gewesen. Sie fühlt sich wie nach einer großen Bergtour, auf der sie viele Etappen bewältigt hat.

»Nehmt euch heute Zeit für die Verarbeitung der vielen Erlebnisse. Es ist unser letzter Tag. Noch sind wir für euch da und können offene Fragen beantworten.«

Julia nimmt ihr Tagebuch aus dem Leinenbeutel und schreibt:

Wiederholungen der Familiengeschichte in meinem Leben:

- Meine Mutter wurde als Sohn erwartet, ich wurde als Sohn erwartet, meine Tochter wurde als Sohn erwartet.
- Die Mädchen waren in allen Generationen Mutterersatz für die jüngeren Geschwister.
- Die Männer konnten ihre Gefühle nicht zeigen und wurden von ihren Müttern dominiert.
- Alle Frauen haben ein hartes Leben geführt und ihren Wert aus der Arbeit bezogen.
- Die Väter waren unbekannt oder wenig da für ihre Kinder.

Familienregeln:

- Wie's da drin aussieht, geht niemanden was an.
- Was mich nicht umbringt, macht mich härter.
- Ein Paar ist ein Paar, wenn es zusammenarbeitet.
- Wer nicht arbeitet, darf nicht essen.
- Liebe für Leistung.

Julia hat schnell alle Punkte erfaßt und ist zufrieden. Wie eine gute Schülerin. Aber irgend etwas fehlt. Etwas Wichtiges.

Sie läßt ihren Blick über die Felder wandern. Ein Punkt in der Ferne wird immer größer und bewegt sich auf sie zu. Es ist Ernst, der Mann, der eigentlich ihren strengen Vater hätte spielen sollen. Er schenkt Julia lächelnd einen Apfel und bietet sich an, auf dem Rückweg von seinem Spaziergang wieder vorbeizukommen, um sie nach Hause zu begleiten: So haben sich die Bilder gewandelt. Er ist ein warmherziger, wunderbarer Mensch, wie mein Vater auch.

Wieder allein, weiß Julia plötzlich, was in ihrer Liste fehlt:

Meine Mutter stand zwischen ihren Eltern, mein Vater stand zwischen seinen Eltern, ich stand zwischen meinen Eltern, meine Tochter steht zwischen Sascha und mir.

Sie legt sich auf ihre Decke zurück und denkt darüber nach, was es für ihr Leben bedeutet.

»Euer Familiensystem wiederholt sich in allen euren Beziehungen, sogar im Beruf«, hatte Alois gesagt.

Ja, es stimmte. Schon ihre allererste Liebe, den Bäckersohn aus dem Ort, mußte sie mit ihrer Freundin Gabi teilen. Um Sascha hatte sie mit seiner Mutter und später mit seinen Freundinnen gekämpft. Und der Mann, den sie jetzt liebte, war noch mit einer anderen verheiratet. Dazwischen hatte es immer wieder Beziehungen gegeben, in denen sie sich zwischen zwei Männern hin und her gerissen fühlte.

Aber wie war das im Beruf? Sie war Chefin einer großen Abteilung. Wo sollte sich hier ein Dreieck finden?

Da fällt ihr plötzlich die letzte Vorstandssitzung ein:

Direktor Meyer hatte getobt. Die Änderungen, die der Betriebsrat forderte, würden Millionen kosten! Julia hatte als Leiterin der Produktplanung die Wünsche der Arbeiter, um deren Sicherheit es ging, verteidigt und mühsam einen Kompromiß erzielt. Jetzt hatte sie alle gegen sich. Ihren Chef und den Betriebsrat. Ich arbeite wirklich in einem Dreieck, denkt sie erstaunt, mein Job als Abteilungsleiterin bringt mich immer wieder in eine Situation zwischen zwei Fronten.

»Wenn du nach Hause kommst, Julia«, sagt Alois in der Schlußrunde am Nachmittag, »versuche nicht, deine Familie zu bekehren. Es geht im Leben um Begegnung und nicht um Entwertung. Sei einfach neugierig, das genügt. Du mußt nichts ändern. Es ändert sich – durch deine neue Haltung.

Vielleicht kehrst du noch viele Male zu deinen alten Mustern zurück. Verurteile dich nicht dafür! Das alte Land ist dir vertraut, dort kennst du dich gut aus: in deinem Drama, in deinen Schwierigkeiten. Wenn du etwas zurückläßt, kommt immer auch die Angst, daß du dann gar nichts mehr hast, daß du niemand mehr bist.

Aber du kannst immer wieder in das neue Land gehen. Jetzt weißt du, wo du es findest.

Du hast in diesen Tagen viele deiner unsichtbaren Mitspieler kennengelernt, hast geweint und auch gelacht.

Nimm das Lachen in dein neues Leben mit. Und auch die Freude über die Begabungen und Talente, die deine Eltern und deine Vorfahren dir geschenkt haben: Du bist liebevoll und achtsam, du läßt dich auf Gefühle ein, kannst andere trösten, wenn sie weinen. Du kannst zeichnen und singen, kannst Theater spielen und Feste feiern ...«

»Danke, euch allen«, sagt Julia leise. Und hofft, daß auch ihre längst verstorbenen Ahnen sie hören können.

Dank

Mein tiefer Dank gilt meinen Experten und Freunden, die mich so großzügig und geduldig unterstützt haben:

Dr. med. Karl Edelbauer

Arzt für Allgemeinmedizin
Arzt für psychotherapeutische Medizin
Körperorientierte Psychotherapie – Hakomi

Helene Hornich

Psychotherapeutin
Systemische Familientherapie
Psychodrama

Mag. Bettina Reitstätter

Klinische und Gesundheits-Psychologin
Psychotherapeutin
Psychodrama

Alois Saurugg

Studium der Psychologie und Theologie
Psychotherapeut – Lehrtrainer im ÖAGG
Systemische Familientherapie, Gestalt- und Gruppentherapie
Leiter des Instituts für Persönlichkeitsentwicklung
und Kommunikation

Irene Schida

Pädagogin
Bewußtseinsberatung

Mein herzlicher Dank gilt Peter Daimler, Franz Eybl, Krista Federspiel, Monika Goodenough-Hofmann, Shobha Hamann, Michele Lehner-Endlicher, Arnold Meyer-Lange, Elke Oberortner und Hildegard Peuker, die mich in liebevoller Freundschaft durch kreative Anregungen unterstützt haben.